MEISTERE DEN STRESS

EINE EINFÜHRUNG IN DIE POLYVAGAL-THEORIE

INKE JOCHIMS

6. überarbeitete Auflage 2025

© 2025 by Inke Jochims

Autorin: Inke Jochims, www.Inke-Jochimse.de, jochims-buecher.de

Satz: Inke Jochims mit Atticus,

Verlag: BoD · Books on Demand GmbH, In de Tarpen 42,

22848 Norderstedt, bod@bod.de

Druck: Libri Plureos GmbH, Friedensallee 273, 22763 Hamburg

ISBN: 978-3-7693-5375-4

BILDNACHWEIS

Alle Fotos sind von der Webseite www.pixabay.com. Die jeweiligen Autoren haben Sie kostenfrei zur kommerziellen Nutzung freigegeben. Wir bedanken uns herzlich! Die Folien wurden ohne Ausnahme von Inke Jochims erstellt.

DISCLAIMER

In diesem Buch werden psychologische Ratschläge gegeben. Alle Ideen, Konzepte und Verfahren wurden sorgfältig geprüft. Dennoch weisen wir ausdrücklich darauf hin, dass dieses Buch keine medizinische oder psychologische Therapie ersetzt und dies auch nicht beabsichtigt. Die Umsetzung der Ideen aus diesem Buch erfolgt auf eigene Verantwortung.

INHALTSVERZEICHNIS

Any map or language, to be of maximum usefulness, should, in structure, be similar to the structure of the empirical world.
(Jede Karte oder Sprache sollte, um von maximalem Nutzen zu sein, in ihrer Struktur der Struktur der empirischen Welt ähneln.)

Alfred Korzybski, Science and Sanity, 1933

DER BEGINN

Ende 2013 war ich auf der Suche nach neuen Informationen zum Thema Stress und stöberte im Internet. Damals wusste ich noch nichts von der Theorie, die mich dann, nachdem ich sie kennengelernt hatte, wie ein Blitz getroffen hat.

Beim Stöbern fand ich die DVD "Neurophysiologie der Selbstregulation" von Stephen W. Porges und bestellte sie. Diese DVD ist die Aufzeichnung eines Workshops, den Stephen W. Porges 2011 in Zürich gehalten hat.

Nachdem ich die DVD gesehen hatte, hatte ich das Gefühl, auf etwas Wichtiges gestoßen zu sein. Ich kaufte mir alle auf dem Markt erhältlichen englischen und deutschen Bücher zu diesem Thema und machte mich an die Arbeit.

Bald merkte ich, dass es eine längere Reise werden würde, als ich anfangs gedacht hatte. Für den interessierten, neurowissenschaftlich nicht vorgebildeten Leser, für den neurologisch oder medizinisch nicht vorgebildeten Anwender sind die Bücher von Porges entweder kaum lesbar oder in der Praxis nicht umsetzbar.

Das ist schade. Denn wenn man die Polyvagaltheorie versteht, hilft sie einem, sich selbst und die eigene Psychologie besser zu kennen. Und nicht nur das, sie hilft auch zu verstehen, wie und warum man so und nicht anders mit der Welt um sich herum umgeht.

Je mehr ich die Theorie und ihre Aussagen verstand, desto mehr spürte ich die Hoffnung, die in der Arbeit von Porges steckt. Es war diese Hoffnung, die mich dazu brachte, mich intensiv mit der Polyvagaltheorie zu beschäftigen.

· · · · ● · ● · · ·

Die Hoffnung

Welche Hoffnung steckt nun hinter dieser Theorie?

Es ist die Hoffnung, das eigene Nervensystem und insbesondere den Begriff "Stress" viel besser und auch biologisch fundierter als bisher zu verstehen. Dies wiederum ermöglicht therapeutische und soziale Interventionen, die der Funktionsweise des Gehirns und des Nervensystems angepasst sind und nicht gegen diese Systeme arbeiten.

Dies wiederum ermöglicht - insbesondere im Bereich "Trauma" - eine schnellere Genesung der Betroffenen als bisher möglich.

Das autonome Nervensystem in Verbindung mit den entsprechenden Hirnstrukturen ist die Grundlage für alle Erfahrungen, die wir im Leben machen. Wenn wir wissen, unter welchen Bedingungen es wie reagiert, haben wir Möglichkeiten der Fremd- und Selbstregulation, von denen wir bisher nur träumen konnten.

Die Polyvagaltheorie hilft uns zu erklären, wie wir auf die Welt reagieren. Ihre Kernaussage ist, dass wir mit Hilfe der neuronalen Schaltkreise unseres Nervensystems reagieren, wie sie sich im Laufe der Evolution entwickelt haben. Die Polyvagaltheorie hilft uns zu verstehen, wie unser Körper auf verschiedene Ereignisse in der inneren und äußeren Umwelt reagiert.

• • • ● • ● • • •

Die Ursache und die Heilung für Leid

Unser Leiden, unser Unbehagen ist in seinem Ursprung kein Problem des Geistes, der Psychologie oder des Denkens. Es ist kein Problem falscher "Programme" und auch kein Problem unserer Emotionen.

In seinem Ursprung ist unser Unbehagen die Folge eines fehlregulierten Nervensystems.

Wir neigen dazu, unsere Probleme als Folge falsch erlernter Ideen und Konzepte zu sehen.

Wenn wir uns häufig entweder sehr unruhig oder gelähmt und entmutigt fühlen, ist die klassische Annahme, dass wir irgendwie ein "psychisches" Problem haben.

Das Problem wird als ein mentales Problem betrachtet, und allzu oft sprechen wir von "mentalen" Problemen in scheinbarem Gegensatz zu "körperlichen" Problemen. Wir erleben ein Problem als "psychisch", aber mit der Polyvagaltheorie hat Stephen W. Porges gezeigt, dass dieses psychische Erleben unmittelbar mit einem bestimmten körperlichen Zustand verbunden ist. Eine rein psychische Erkrankung oder ein rein psychisches Problem gibt es nicht.

Es gibt immer ein autonomes Nervensystem, das mit einer bestimmten Konfiguration auf den Input aus der Innenwelt oder der Außenwelt reagiert. Input aus der Innenwelt sind Gedanken, Selbstgespräche, Erinnerungen und körperliche Empfindungen. Input aus der Außenwelt sind alle Erfahrungen im Hier und Jetzt, die wir mit unseren Sinnen und unserem Körper machen.

Wenn das Nervensystem fehlreguliert ist und gewohnheitsmäßig nur mit einer bestimmten Stressreaktion reagiert, sind die Probleme, die wir als psychisch erleben, die Folge dieses Geschehens. Von der Polyvagaltheorie können wir lernen, was wir brauchen und tun können, um einem fehlregulierten Nervensystem zu helfen, in einen Zustand heilender Homöostase zurückzufinden.

• • • ● • ● ● • •

ÜBERBLICK

Der Begriff "Stress" ist in aller Munde und aus unserem Alltag kaum mehr wegzudenken.

Die meisten Menschen würden wohl von sich sagen, dass sie unter "Stress" leiden, daher hat auch der Begriff "Stressmanagement" Hochkonjunktur. Doch was ist "Stressmanagement"?

"Stressmanagement" wird in der Regel als Oberbegriff für Bewältigungsstrategien verstanden, die darauf abzielen, psychische oder physische Belastungen zu reduzieren oder ganz abzubauen.[1]

Kurse, Bücher, CDs, Audio- und Videokassetten dienen dem Ziel, "Stress" abzubauen. Der Markt boomt.

Doch trotz aller Bemühungen nimmt die Epidemie des sogenannten "Stresses" nicht nur nicht ab, sie nimmt sogar zu.

Es scheint, dass wir mit jedem Versuch, Stress abzubauen, mehr Stress erzeugen, so als säßen wir bis zum Hals im Treibsand, und je mehr wir uns dagegen wehren, desto tiefer versinken wir.

Vielleicht ist es daher notwendig, einen Schritt zurückzutreten und die Landkarte zu betrachten, auf der wir uns bewegen.

Entspricht die Struktur dieser Karte der Struktur des Gebiets? Zeigt sie uns den richtigen Weg vom Ausgangspunkt zum Ziel? Oder führt sie uns in die Wildnis statt in die nächste Stadt?

Das derzeit populäre Stressmodell, das die Inhalte unserer Entspannungskurse bestimmt, basiert nach Ansicht der Polyvagaltheorie auf einer falschen Landkarte. Es ist zu einseitig und führt dazu, dass unser Nervensystem bei dem Versuch, Stress zu bewältigen, einen Input erhält, der den Stress nicht reduziert, *sondern erhöht.*

Das ist biologisch begründet. Aus Sicht der Polyvagaltheorie ist die Lösung, die wir derzeit anbieten, nicht die Lösung, die unser Nervensystem braucht.

Was unser Nervensystem braucht, um sich entspannen zu können, ist das Signal von Sicherheit und nicht, wie bisher gelehrt, der Versuch, sich zu "entspannen".

Stressbewältigung führt zu Entspannung, aber nur das Gefühl von Sicherheit reduziert Stress.

Der Versuch, das, was wir "Stress" nennen, durch "Entspannung" reduzieren zu wollen, geht auf den Einfluss zweier bedeutender

Stressforscher zurück, die eine Dualität von Stress einerseits und Entspannung andererseits sahen. Die Rede ist von Walter P. Cannon und Hans Selye.

Persönlichkeiten der Stressforschung

Der Begriff "Stress" wurde bereits im 17. Jahrhundert in der angloamerikanischen Umgangssprache verwendet. Damals bedeutete er: Bedrängnis, Angst, Missgeschick oder auch Leid. Später wandelte sich die Bedeutung des Wortes und bezeichnete Zwang, Druck, Spannung oder große Anstrengung.[2]

Als das Feld der Stressforschung entstand und man begann, Stress zu erforschen, ließen sich die Gründerväter der Disziplin von diesen Vorstellungen leiten.

Walter P. Cannon

Der Physiologe Walter P. Cannon (1871-1945), Professor in Harvard, gilt als Gründervater der amerikanischen Physiologie. Cannon erkannte, dass ein Organismus auf Bedrohungen aus der Umwelt mit bestimmten körperlichen Veränderungen reagiert.

Er beschrieb die physiologischen Veränderungen, die der Organismus bei "Stress" durchläuft. Er beobachtete, dass ein Organismus, der einer Gefahr ausgesetzt ist, physiologische Veränderungen erfährt, die es ihm ermöglichen, entweder zu kämpfen oder zu fliehen. Der Körper stellt die dafür notwendige Energie zur Verfügung. Walter P. Cannon gab dieser körperlichen Reaktion auf eine Bedrohung den Namen "Kampf-oder-Flucht-Reaktion".

Die Grundannahme von Walter P. Cannon war folgende: Ein Stressor, eine Herausforderung, führt dazu, dass der Organismus mit einer einzigen Stressantwort reagiert, nämlich mit erhöhter Sympathikusaktivität, d.h. mit schnellerem Herzschlag, Umverteilung des Blutes in die großen Skelettmuskeln, erhöhtem Blutdruck etc.

Cannon führte meinte weiterhin: Es gibt nur eine Stressreaktion (Kampf oder Flucht), und diese wird nur von einem Zweig des autonomen Nervensystems, dem Sympathikus, vermittelt.

Diese Stressreaktion kann je nach Herausforderung unterschiedlich lange dauern. Sie kann sehr kurz sein (akuter Stress) oder länger anhalten (chronischer Stress).

Der zweite Zweig des autonomen Nervensystems (ich kürze diesen Begriff im Folgenden mit "ANS" ab), der Parasympathikus, ist nach Cannon nicht für eine Stressreaktion verantwortlich.

Die Aufgabe des Parasympathikus besteht nach Cannon darin, den Organismus unmittelbar nach Beendigung der Stressreaktion zu beruhigen und die Homöostase wiederherzustellen. Durch die Wiederherstellung der Homöostase sorgt er für Ruhe und Erholung.

Wie bei einer Waage oder Wippe wechseln sich also Erregung und Entspannung ab.

Cannon betrachtete die Beziehung zwischen den beiden Zweigen des ANS als symmetrisch. Es ist ein Entweder-Oder. Entweder dominiert der eine Zustand oder der andere.

Auf dieser Vorstellung beruht bis heute unser Stressmanagement.

Wenn eine Wippe oder eine Waage aus dem Gleichgewicht geraten ist, muss man das Gleichgewicht wiederherstellen, indem man entweder auf der einen Seite etwas hinzufügt oder auf der anderen Seite etwas wegnimmt, bis das Gleichgewicht wieder hergestellt ist. Wenn man also mehr Entspannung will, muss man weniger Stress haben oder mehr "Entspannungszeiten".

· · ● ●· ● ● ·· ·

Abbildung 1: Gleichgewicht auf einer Wippe. In einem dualen Modell muss die schwächere Seite gestärkt werden, um ein Gleichgewicht zu erreichen. Wenn also das Gegenteil von Stress Entspannung ist, muss man entweder weniger Stress oder mehr Entspannung wählen, um ein Gleichgewicht zu erreichen.

• • • ● • ● • • •

Entspannung ist nicht das Gegenteil von Stress, und zwar aus Gründen, die noch näher erläutert werden. Entspannung ist, wie bereits erwähnt, die Folge einer erfolgreichen Stressbewältigung und nicht deren Ursache.

Und deshalb erhält das Nervensystem, solange man es nur als Zwei-Komponenten-System betrachtet und "Entspannung" als Mittel zur Stressbewältigung ansieht, nicht den richtigen Input, um Stress wirklich abzubauen.

Der richtige Input, das wissen wir heute, ist immer ein Signal, das dem gestressten Organismus ein Gefühl der Sicherheit vermittelt. Das Gegenteil von Stress ist nicht Entspannung, sondern ein Signal der Sicherheit.

Man kann nicht entspannt "loslassen", solange man sich nicht sicher fühlt. Zuerst muss man sich sicher fühlen, dann kann man sich entspannen. Solange man versucht, den ersten Schritt (das Sicherheitssignal) zu überspringen, kämpft man gegen die eigene Stressreaktion an. Das stoppt die Stressreaktion nicht, sondern verstärkt sie.

"Stress" bedeutet in Cannons Modell auch die Mobilisierung und Bereitstellung von Energie. Denn Kampf oder Flucht sind Verhaltensweisen, die Energie benötigen. Ruhe und Erholung hingegen sind notwendig, um Energie zu sparen und somit für neue Aufgaben bereitzustellen.

"Stress" - und das war die zu starke Vereinfachung dieses Modells - bedeutet *immer* Mobilisierung, also Energieverbrauch. Immobilisation ist *immer* mit Ruhe und Erholung verbunden. Heute wissen wir dank der Arbeiten von Porges, dass es auch eine Stressreaktion gibt, die mit Immobilisierung, also Energiesparen, verbunden ist.

Hans Selye

Der in Wien geborene Mediziner Hans Selye (1907-1982) schlug nach dem Studium der Medizin und Chemie eine bedeutende Laufbahn ein. Er widmete sich intensiv der Erforschung der physiologischen Vorgänge bei Stress. 1934 emigrierte er unter dem Druck der Nationalsozialisten nach Kanada und begann an der McGill University zu lehren.[3]

Selye entwickelte ein Stressmodell, nach dem der Organismus auf einen Stressor mit einem dreistufigen Prozess reagiert. Er nannte es das "General Adaptation Syndrome".

Die erste Stufe dieses Syndroms ist Alarm, die zweite Widerstand und die dritte Erschöpfung.

In der ersten Phase, so Selye, reagiert der Körper auf einen Stressor mit einer Kampf-oder-Flucht-Reaktion, indem der sympathische Zweig des ANS aktiviert wird. In dieser Phase wird nicht nur das sympathische Nervensystem aktiviert, sondern neben der neuronalen Aktivität kommt es auch zu hormonellen Veränderungen: Die Hormone Adrenalin und Cortisol werden ausgeschüttet. Diese beiden Hormone sorgen dafür, dass der Körper seine Energiereserven mobilisieren kann.

In der zweiten Phase der Stressreaktion, so Selye, wird das parasympathische Nervensystem aktiv und versucht, den Organismus zu beruhigen. Ziel der Aktivität des parasympathischen Nervensystems ist die Wiederherstellung der Homöostase, des Ausgangszustandes vor der Belastung. Selye nannte diese zweite Phase die "Widerstandsphase".

Bleibt die Bedrohung jedoch bestehen, wird der Stress also chronisch, bleibt auch die Ausschüttung der oben genannten Hormone bestehen. Der Parasympathikus ist dann nicht mehr in der Lage, die Organe des Körpers zur normalen Funktion zurückzuführen.

Der Cortisolspiegel im Blut bleibt zu hoch. Da der Körper die Stressreaktion nicht beenden kann, bleibt er in ständiger Alarmbereitschaft. Hält dieser Zustand zu lange an, tritt eine dritte Phase ein, die Selye als "Erschöpfungsphase" bezeichnete.

In dieser dritten Phase treten häufig stressbedingte Erkrankungen auf, manchmal in Kombination mit Selbstmedikation durch Alkohol, Essen oder Medikamente.[4]

Auch Selye glaubte also letztlich an die Vorstellung, dass es nur einen Zweig des ANS gibt, der für die Reaktion auf eine Bedrohung zuständig ist, nämlich den Sympathikus. Für die Dämpfung seiner Aktivität ist der Parasympathikus zuständig.

Im Vergleich zu Cannon betrachtete Selye die Stressreaktion jedoch insgesamt als komplizierter. Er postulierte die schon genannte Erschöpfungsphase im Ablauf der Stressreaktion, was Cannon ablehnte.

• • • • ● • ● • • • •

Peter Levine

Peter Levine war einer der ersten Stressforscher, der sich intensiv mit dem Thema "Trauma" beschäftigte.[5]

Aufgrund seiner Arbeit kam er zu dem Schluss, dass die Fähigkeit, ein Trauma zu überwinden, dem Menschen angeboren ist.

Dies stand im Gegensatz zu dem, was damals über Traumata gelehrt wurde. Damals ging man davon aus, dass Menschen Traumata grundsätzlich nicht überwinden können.

Levine begann seine Stressforschung 1964 als Doktorand an der Universität Berkeley in Kalifornien. Er untersuchte die Auswirkungen von akkumuliertem Stress auf das Nervensystem verschiedener Organismen.

Dabei stellte er fest, dass praktisch alle Tiere die angeborene Fähigkeit besitzen, sich von extrem belastenden Ereignissen, wie z.B. der lebensbedrohlichen Verfolgung durch einen Feind, schnell und komplikationslos zu erholen.

• • • ● ● • ● • • •

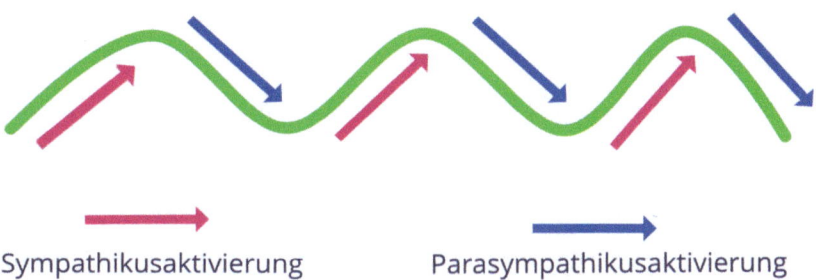

Gesundes, gut reguliertes Nervensystem

Sympathikusaktivierung   Parasympathikusaktivierung

Abbildung 2: Ein ausgeglichenes, gut reguliertes Nervensystem.
Anspannung und Entspannung wechseln sich ab.

• • • ● • ● • • •

Wenn ein Zebra gejagt wird und überlebt, schüttelt es diese Erfahrung ab, sein Parasympathikus übernimmt und es beginnt wieder zu grasen.

Ganz anders der Mensch, der ein großes Gehirn und vor allem ein viel besseres explizites Gedächtnis als ein Zebra hat. Er kann sich bewusst erinnern - und mit der Erinnerung kommen jedes Mal die alten Angstgefühle wieder hoch. Das hat später der Stressforscher Robert Sapolsky beschrieben: Zebras bekommen nach traumatischen Erlebnissen keine Magengeschwüre.[6]

• • • ● • ● • • •

1969 wurde Peter Levine von einem befreundeten Psychiater gebeten, ihm bei der Behandlung einer Klientin zu helfen. Diese Klientin hatte den Pseudonym Nancy. Nancy litt unter verschiedenen Symptomen, vor allem aber unter sehr schweren Panikattacken. Der Psychiater hoffte, dass ihr bestimmte Entspannungsübungen helfen würden.

Also übte Levine mit Nancy Entspannungstechniken. Diese waren erfolgreich und Nancy begann sich zu entspannen. Doch dann geschah etwas, womit Levine nicht gerechnet hatte. Das, was geschah, beeinflusste, wie er selbst sagte, seine berufliche Laufbahn nachhaltig.[7]

Die Aktivierung des Parasympathikus durch die Entspannungstechniken hätte nach damaligem Kenntnisstand zu einem Zustand der heilenden Homöostase führen müssen. Nancy hätte sich entspannt, ruhig und erholt fühlen müssen. Ebenso hätte die Stressreaktion, die für die Panikattacken verantwortlich war, aufhören müssen.

Dies war jedoch nicht der Fall.

Einer der wichtigsten Indikatoren für die Aktivierung des Sympathikus und Parasympathikus ist die Herzfrequenz. Im Zustand der Erregung hätte sie zu hoch sein müssen, das war vorhersehbar. Im Zustand der parasympathischen Aktivität hätte sie jedoch im normalen Bereich liegen müssen.

Levine maß Nancys Herzfrequenz und stellte fest, dass sich ihr autonomes Nervensystem völlig anders verhielt als vorhergesagt.

Es schwankte zwischen Zuständen höchster Erregung (hohe Sympathikusaktivierung) und todesähnlicher Ruhe (hohe Parasympathikusaktivierung), in der ihr Puls völlig abfiel. Levine beschrieb dies folgendermaßen:

> ... ihre Herzrate schwankte wild hin und her zwischen einem hochaktiven Sympathikus-Zustand und einem noch aktiverem Parasympathikus-Zustand. (...) Anstatt sich bei der parasympathischen Aktivität zu entspannen, versank sie in paralysiertes Entsetzen.[8]

Levine beobachtete das lähmende Entsetzen und den viel zu langsamen Herzschlag und sagte aus einer Eingebung heraus zu Nancy:

> Schnell Nancy, dich verfolgt ein Tiger![9]

Er versuchte, Nancy durch Aktivierung des Sympathikus aus ihrer Lähmung zu befreien, was ihm auch gelang.

Aus Gründen, die Levine damals noch nicht ganz verstand, wurde sie während der Sitzung geheilt, ihre Angstzustände gingen deutlich zurück. Das beeindruckte Levine so sehr, dass er beschloss, fortan vor allem klinisch, also mit Patienten, zu arbeiten.

Levine beobachtete von nun an häufig, dass sich gestresste und traumatisierte Patienten eben nicht in einem ständig erhöhten

Sympathikus-Tonus befanden, sondern im Gegenteil *in einem zu stark heruntergefahrenen Zustand.*

Levine beobachtete weiter, dass traumatisierte Klienten, deren Erregungsniveau nach unten geschwungen ist, zunächst eine sympathische Aktivierung benötigen, um aus ihrem paralysierten Zustand herauszukommen.

Er beobachtete auch, dass es ein mittleres Erregungsniveau gibt, auf dem Menschen sowohl psychisch als auch gesundheitlich optimal funktionieren. Dieses mittlere Erregungsniveau ist der gesunde, gut regulierte Zustand der Fähigkeit zur adaptiven Selbstregulation. Diese Fähigkeit zur adaptiven Selbstregulation hat wiederum eine Voraussetzung, nämlich einen hohen Vagustonus.[10]

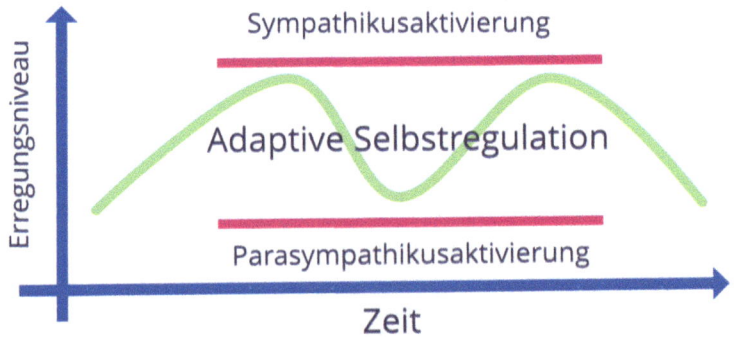

Die Fähigkeit zur adaptiven Selbstregulation

Abbildung 3: Die Fähigkeit zur adaptiven Selbstregulation.

Die Überraschung

Levine hat deshalb die Herzfrequenz seiner Patientin Nancy gemessen. Ändert sich die Herzfrequenz, weil das Herz zum Beispiel durch eine erhöhte Sympathikusaktivität schneller schlägt, ändert sich auch der Atemrhythmus, die Atmung wird schneller.

Die Beziehung zwischen Atmung und Herzfrequenz wird als "Respiratorische Sinusarrhythmie" (RSA) bezeichnet. Die RSA gilt als sicherer Indikator für den Einfluss des Vagus auf das Herz (mehr dazu in Kapitel 5).

Die Rolle des Vagus bei der Herzregulation und der Herstellung einer gesunden Homöostase war, wie Levine entdeckte, entscheidend.

Das Ausmaß, in dem der Vagus den Herzschlag beeinflussen kann, wird heute als Vagustonus bezeichnet. Ein hoher Vagustonus ist erwünscht und ein Zeichen von Gesundheit. Ein niedriger Vagus-Tonus, d.h. ein geringerer Einfluss dieses Nervs auf die Regulation des Herzschlags, ist ein Zeichen von Traumatisierung und Stress. Ein niedriger Vagustonus führt zu dem in Abbildung 47 dargestellten Phänomen der chronischen Über- oder Untererregung.

Levine gelang es nach eigener Aussage jedoch nicht, die Beziehung zwischen Herzfrequenz und Atemrhythmus so präzise in mathematische Formeln zu fassen, dass sie sich mit ausreichender

Genauigkeit berechnen und für weitere Forschungen verwenden ließ. Ihm fehlte die Mathematik, um das von ihm beobachtete Phänomen adäquat zu beschreiben.

Deshalb nahm er Anfang der siebziger Jahre Kontakt zu Stephen W. Porges auf, der einen Weg gefunden und veröffentlicht hatte, die RSA, den Zusammenhang zwischen Herzfrequenz und Atemrhythmus, mathematisch korrekt zu berechnen. Er teilte ihm seine Beobachtungen mit.

Stephen W. Porges zweifelte Levines Ergebnisse zunächst an[11], denn Levines Wahrnehmungen waren zu inkonsistent zu dem, was die damalige Stressforschung vorhersagte. Das gemeinsame Interesse an der Funktionsweise des ANS verband die beiden jedoch. Porges und Levine blieben in Kontakt und tauschten sich regelmäßig aus.

Und eines Tages bemerkte Porges etwas, das Levine Recht gab und schließlich zur Ausformulierung der Polyvagaltheorie führte.

Anfang der 90er Jahre forschte Stephen W. Porges auf einer Frühgeborenenstation und stieß dort auf das, was er später das "Vagus-Paradoxon" nannte.

Das Vagus-Paradox wies in die gleiche Richtung wie Levines Beobachtung bei traumatisierten Erwachsenen: Es gibt Formen von Stress, bei denen sich der Körper nicht zu sehr nach oben, sondern zu sehr nach unten bewegt.

Aber warum?

Stephen W. Porges

Das Vagus-Paradox

Stephen W. Porges begann seine Karriere mit der Erforschung der Herzratenvariabilität (HRV). Er war der erste, der die HRV quantifizieren, d.h. genau berechnen konnte. Er zeigte, dass die HRV ein wichtiger Indikator für den Einfluss des Vagus auf das Herz ist.[12]

Ende der 80er und Anfang der 90er Jahre führte Stephen W. Porges, wie bereits erwähnt, Untersuchungen auf einer Frühgeborenenstation durch.[13] Seine Aufgabe war es, einen Indikator zu finden, um die Überlebenschancen von Frühgeborenen vorhersagen zu können.

Damals konnte man nur den Herzrhythmus eines Frühgeborenen als Indikator für seine Überlebenschancen messen. Was die Ärzte damals beunruhigte, war, dass das Herz eines solchen Babys plötzlich zu langsam schlug, eine sogenannte Bradykardie.

Bradykardie bedeutet: Der Herzschlag wird plötzlich so langsam, dass das Gehirn nicht mehr ausreichend mit Sauerstoff versorgt wird. Mit diesem Herzschlagmuster ist ein Atemmuster verbunden, bei dem das Baby plötzlich aufhört zu atmen.

Zu diesem Zeitpunkt war es Porges bereits technisch möglich, den Vagustonus zu messen und korrekt zu berechnen. Ihn interessierte, ob der Vagustonus ein Indikator für das Überleben eines Frühgeborenen sein könnte.

Er fand heraus: Je höher der Vagustonus, desto besser die Überlebenschancen des Babys. Daraus schloss er, dass der Vagus der schützende Nerv sein müsse.[14]

$$\bullet \; \bullet \; \bullet \; \bullet \; \bullet \; \bullet \; \bullet \; \bullet \; \bullet \; \bullet$$

1992 beschrieb Porges seine Ergebnisse in der Zeitschrift "Pediatrics".

Nach der Veröffentlichung in der renommierten Fachzeitschrift erhielt er einen Brief von einem Neonatologen, einem Kinderarzt, der sich um Frühgeborene kümmert. Dieser Spezialist schrieb:

Ich war von Ihrem Artikel sehr angetan, aber etwas verstehe ich nicht. Ich habe während meines Medizinstudiums gelernt, dass der Vagus auch töten kann. Das stimmt mit Ihren Ergebnissen nicht überein und ich kann es mir nur so erklären: Vielleicht ist es des Guten zu viel?[15]

Der Arzt verwies darauf, dass der Einfluss des Vagus den Herzschlag so weit verlangsamen kann, dass das Herz zum Stillstand kommt. Ebenso könne er den Atemrhythmus zu stark verlangsamen.

Die Erkenntnisse der damaligen Schulmedizin standen also in diametralem Widerspruch zu den Ergebnissen von Porges.

Die Erklärung, es könne auch des Guten zu viel sein, konnte Porges aufgrund seiner Forschungen nicht akzeptieren.

Außerdem: Ein plötzlicher, viel zu langsamer Herzschlag kam dem Phänomen, das Levine bei gestressten Erwachsenen beobachtet hatte, sehr nahe.

Seit dem Brief des Frühgeborenenarztes an Porges gab es also das Vagus-Paradoxon.

Der Vagus kann schützen, der Vagus kann töten. Das ist ein Widerspruch. Mit den damals verfügbaren anatomischen und physiologischen Theorien ließ sich dieser Widerspruch nicht auflösen.

Er löste sich aber auf, als Porges erkannte, dass beide Seiten, er selbst und der Kinderarzt, der den Brief geschrieben hatte, von zwei verschiedenen Mechanismen sprachen.

Es gibt nicht einen, sondern zwei Vagusstränge.

Es gibt zwei verschiedene neuronale Bahnen, die durch einen einzigen Nerv vermittelt werden, die aber in verschiedenen Bereichen des Gehirns (genauer: des Hirnstamms) entspringen.[16]

Die beiden Vagusstränge entspringen an zwei verschiedenen Stellen des Hirnstamms. Der eine Vagusstrang entwickelt sich im Laufe des Lebens früher, der andere später.

• • • ● • ● • ● • • •

Derjenige, der sich früher entwickelt, ist derjenige, der das Baby unter ungünstigen Umständen töten kann. Derjenige, der sich später entwickelt, ist derjenige, der das Baby schützt und ihm hilft, zu überleben.

Ein Frühgeborenes kommt ohne ein voll entwickeltes autonomes Nervensystem zur Welt. Deshalb kommt es bei Stress zu einer Fehlregulation des gesamten Systems. Diese Fehlregulation kann zu einer extremen Verlangsamung des Herzschlags (Bradykardie) und zum Aussetzen der Atmung (Apnoe) führen.

Die Fehlregulation besteht darin, dass der nach ventral (bauchwärts) verlaufende Vagus, den Porges gemessen hat, zu wenig Einfluss hat und der vom Kinderarzt erwähnte zu viel.

Ein entwicklungsgeschichtlich sehr alter Vagusast übernimmt die Führung, und dieser hat auf das noch nicht voll entwickelte kindliche Herz einen zu stark herabregulierenden Einfluss.

Später stellte sich heraus, dass der Vagusast, der bei Frühgeborenen töten kann, derselbe Vagusast ist, der Erwachsene in den paralysierten Schrecken versetzt, den Levine bei Nancy beobachtet hatte. Auch in diesem Fall übernimmt ein evolutionär älterer Vagusast die Herzregulation, wenn auch nicht vollständig.

Da Erwachsene jedoch ein stärkeres Herz und ein voll entwickeltes ANS haben, kommt es bei ihnen nur selten zu einem Herzstillstand. Im Allgemeinen ist die Reaktion subtiler.

• • • ● • ● • • ••

Es ist eine Anekdote am Rande, aber sie ist bezeichnend für die Entwicklung der Polyvagaltheorie und soll daher hier erzählt werden:

Porges erwähnte in Vorträgen, Seminaren und Online-Kursen immer wieder, dass er den Brief des Kinderarztes in seine Brieftasche steckte und von 1992 bis 1994 bei sich trug, bis er das Vagus-Paradoxon gelöst hatte. Er hat nie gesagt, wo er seine Brieftasche trägt, aber die große Mehrheit der männlichen Rechtshänder trägt ihre Brieftasche in der linken Innentasche ihres Jacketts, direkt über dem Herzen.

Mit anderen Worten: Porges befragte sein Herz und formulierte die Antwort mit dem Kopf. Die Polyvagaltheorie war das Ergebnis.

$$\bullet \; \bullet \; \bullet \; \bullet \; \bullet \; \bullet \; \bullet \; \bullet \; \bullet \; \bullet$$

Das ANS – ein Dreikomponentensystem

Zwischen 1992 und 1994 suchte Porges nach einer theoretischen Lösung für das Vagus-Paradox. Dies führte ihn zur Formulierung einer Theorie, die folgende Beobachtungen zu einem kohärenten Ganzen zu vereinen vermochte

• • • ● • ● • • •

Die Einflüsse auf die Polyvagaltheorie:

- Entdeckung der Kampf- oder Fluchtreaktion durch Cannon als Reaktion des Organismus auf einen Stressor

- Die Beobachtung von Selye, dass der Parasympathikus einen dämpfenden Einfluss auf den Sympathikus ausübt, sobald eine Stresssituation beendet ist.

- Die Beobachtung von Levine, dass es eine Stressreaktion gibt, die nicht den herkömmlichen Beobachtungen entspricht, d.h. der Sympathikus ist nicht nur für Stress zuständig und der Organismus wird nicht nur zu hoch, sondern unter Umständen zu tief heruntergefahren.

- In diese Theorie flossen auch die Messungen des Vagustonus von Porges ein und die Beobachtung, dass der so genannte zehnte Hirnnerv, der Nervus vagus, anatomisch nicht nur an einer, sondern an zwei Stellen im Hirnstamm entspringt, sowie die Erkenntnis, dass diese beiden Zweige des Vagus unterschiedliche Funktionen für den Gesamtorganismus haben.

Die Polyvagaltheorie wurde möglich, weil Porges zwischen zwei Zweigen des Parasympathikus unterschied, er "zerlegte" also die parasympathische Komponente des ANS in zwei Teile und so entstand ein Dreikomponentensystem.

Die Polyvagaltheorie zerlegt das autonome Nervensystem wie folgt in insgesamt drei hierarchisch geordnete Teilsysteme: Alter Vagus, Sympathikus, Neuer Vagus. Jeder dieser Komponenten des ANS sind bestimmte Fähigkeiten, Reaktionsformen und Wahrnehmungen zugeordnet.

• • • • • • • • • •

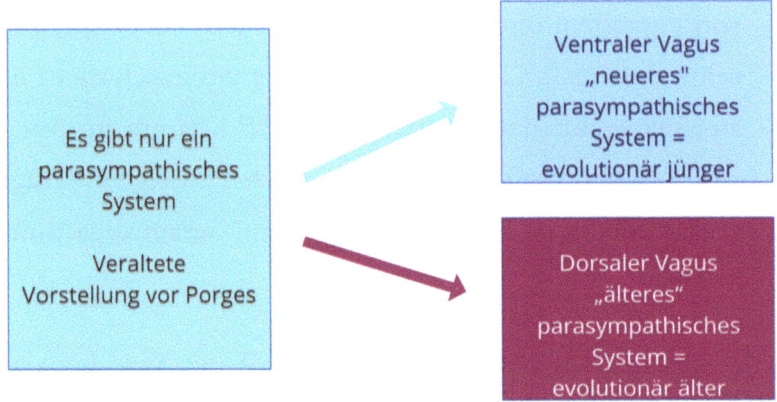

Abbildung 4: Die alte Vorstellung: Es gibt nur einen Parasympathikus.
Porges hat zwei Komponenten beobachtet.

• • • ● • ● • • •

Das neue Modell:
Die Polyvagal-Theorie

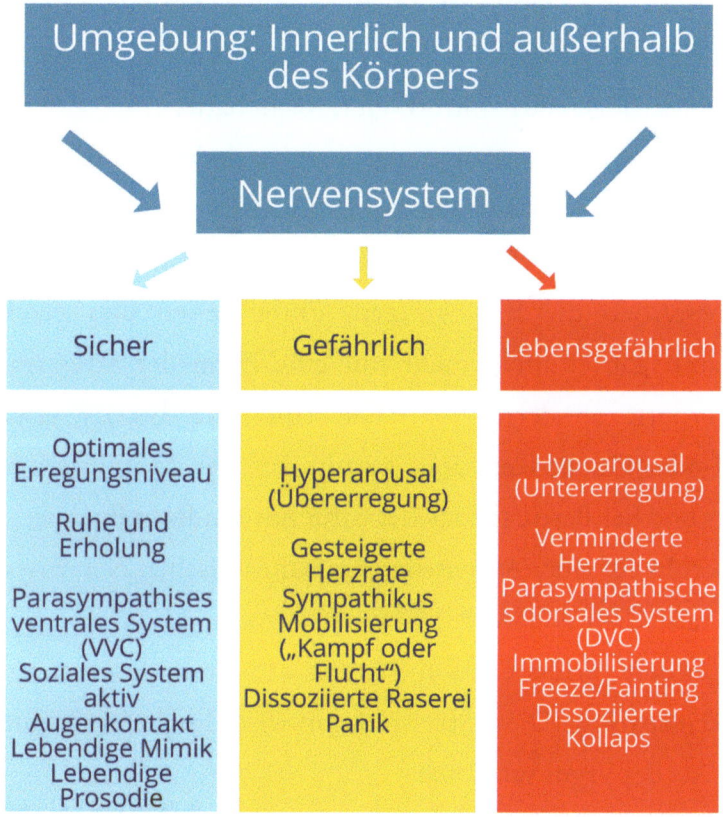

Abbildung 5: Die neue Sichtweise des ANS nach Porges

Nicht eine Stressreaktion, sondern zwei

Nachdem Porges festgestellt hatte, dass das ANS nicht aus zwei, sondern aus drei Komponenten besteht, stellte er sich weitere Fragen, z.B. ob Canon mit seiner Annahme, dass es nur eine Antwort auf Herausforderungen oder "Stress" gibt, Recht hatte.

Er stellte fest, dass der evolutionär ältere, nach dorsal verlaufende Ast des Vagus für eine bisher nicht beschriebene Stressreaktion rekrutiert werden kann.

Er beschrieb die Bedingungen, unter denen dies geschieht, und damit gab es nicht mehr nur eine Form der Stressreaktion des Körpers, sondern zwei: Die eine, die bereits erwähnte Kampf-oder-Flucht-Reaktion, beruht auf der Mobilisierung des Körpers und der Bereitstellung der dafür notwendigen Energie.

Sie beruht auf einer Aktivierung des sympathischen Nervensystems. Damit hatte Cannon Recht.

Die andere Stressreaktion beruht auf Immobilisierung und Energieeinsparung. Diese Stressreaktion wird durch den evolutionär älteren Ast des Vagus vermittelt.[17]

• • • ● ● • ● ● • •

Drei Komponenten und eine Hierarchie

Wenn das parasympathische System aus zwei Komponenten besteht und nicht nur aus einer, dann haben wir insgesamt drei Reaktionsformen, basierend auf drei Komponenten, aus denen das ANS besteht.

Und diese drei Komponenten sind hierarchisch angeordnet. Entweder - wenn man die evolutionäre Perspektive einnimmt - von alt zu neu oder - wenn man die Bewältigungsversuche von aktuellen Situationen betrachtet - von neu zu alt.

Denn während sich die drei Komponenten evolutionär in einer bestimmten Reihenfolge entwickelt haben, werden sie mit zunehmender Bedrohung in umgekehrter Reihenfolge deaktiviert[18]. Das bedeutet, dass je nach Grad der empfundenen oder faktischen Bedrohung zunehmend evolutionär ältere Formen der Stressbewältigung praktiziert werden.

• • • ● ● ● ● ● • •

Das evolutionär älteste System

Das evolutionär älteste System wird durch den nicht myelinisierten Ast des Vagus vermittelt, der im Gehirn im Nucleus dorsalis motorius entspringt und im Körper bis weit unter das Zwerchfell reicht.

Dieses System hat beim Menschen zwei Funktionen:

Im Kontext einer als lebensbedrohlich empfundenen Bedrohung übernimmt dieses alte System und sorgt für Immobilisierung, Ohnmacht und Dissoziation (mehr dazu in Kapitel 5 und Kapitel 6).

Befindet sich der Mensch jedoch in einem sicheren Kontext, unterstützt dieser älteste Zweig des ANS die Organe unterhalb des Zwerchfells, insbesondere den Darm, und fördert hier Gesundheit, Wachstum und Erholung.

· · · · ● · ● · · ·

Das evolutionär zweitälteste System

Das entwicklungsgeschichtlich zweitälteste System ist uns am vertrautesten und ermöglicht die Kampf- oder Fluchtreaktion.

Dieses System hemmt aktiv das ältere, nicht myelinisierte Vagussystem, das dorsal entspringt. Dieses System ist in der Lage, die Fähigkeit des Darms, Nährstoffe aufzunehmen, zu hemmen, den

Blutdruck zu erhöhen und die Spannung der großen Muskeln zu erhöhen.

• • • ● ●• • ● ● • • •

Das evolutionär jüngste System

Der entwicklungsgeschichtlich jüngste Teil des ANS hat sich nur bei Säugetieren entwickelt. Es handelt sich um den myelinisierten Ast des Vagus-Systems, der nicht aus demselben Kern im Hirnstamm stammt wie der bereits erwähnte, sondern aus dem Nucleus ambiguus.

Er ist mit den Organen oberhalb des Zwerchfells verbunden, vor allem aber mit der Gesichtsmuskulatur, so dass er unseren Gesichtsausdruck steuern kann.

Der myelinisierte Vagus hat die Fähigkeit, uns zu beruhigen, indem er seinerseits den Sympathikus hemmt.

• • ● ●• ● ● • •

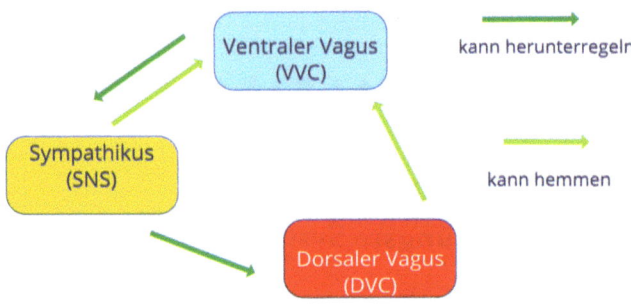

Die Beziehung der Systeme untereinander

Abbildung 6: Die drei Komponenten und ihr Verhältnis zueinander. Wie man sieht, kann das VVC-System das dorsale System beeinflussen, aber im Gegensatz zum SNS nicht dominieren.

Drei Fragen, die sich S. W. Porges stellte:

- Welchen Input benötigt die evolutionär jüngere Komponente des ANS, um die gewünschte regulierende Funktion für das Gesamtsystem übernehmen zu können?

- Unter welchen Bedingungen wird die von Cannon gefundene Kampf- oder Fluchtreaktion ausgelöst?

- Und was muss geschehen, damit die evolutionär ältere Stressreaktion des Abschaltens ("Shutdown") genutzt wird?

• • • • ● • ● • • •

Der Begriff "Neurozeption"

Aus den Erkenntnissen von Porges ergeben sich folgende Fragen:

Porges fand drei Kategorien der Wahrnehmung, die ein Organismus (unbewusst) benutzt, wenn er ein Ereignis oder ein Signal bewertet.

Diese drei Kategorien sind: Ein Organismus nimmt etwas als sicher, als gefährlich oder als lebensbedrohlich wahr und je nach Einstufung reagiert das ANS (siehe Abbildung 5)

Unser System reagiert mit den Strategien, die sich im Laufe der Evolution für die jeweilige Art der Bedrohung als adaptiv, als "überlebenssichernd" erwiesen haben.

Der Prozess der Einschätzung von Signalen wird von Porges als "Neurozeption" bezeichnet.[19]

Porges verwendet den Begriff "Neurozeption" im Gegensatz zur Perzeption (Wahrnehmung), weil diese Bewertung unterhalb der Bewußtseinsschwelle und nicht absichtlich oder willentlich erfolgt.

Dieser Begriff besagt letztlich, dass der Körper bereits reagiert, bevor ein Impuls die zu Logik und Rationalität fähige Großhirnrinde erreicht.

Eine Reaktion des ANS ist also keine willentliche oder absichtliche Handlung. Das ist das Entscheidende.

Der Körper reagiert, und zwar lange[20] bevor das Gehirn das, was wir "Wille" oder "Absicht" nennen, überhaupt in Gang setzen kann. Wir gehen weder absichtlich in Kampf oder Flucht, noch gehen wir absichtlich in das Herunterfahren.

Diese Reaktion und die sich daraus ergebenden Fragen nach der individuellen Verantwortung für das "Management" der eigenen ANS-Zustände werde ich in Kapitel 8 ausführlich darstellen.

Sicherheit und Bindungen

Ursprünglich war Sicherheit etwas, das in einer sozialen Gemeinschaft entstand. Naturvölker können im Grunde nur eine Form von Sicherheit haben, und das ist die Zugehörigkeit zum Stamm. Das Gefühl von Sicherheit entsteht nur in gelungenen emotionalen Bindungen.

Diese Bindungen werden vom Gehirn registriert, die Sympathikusaktivität wird über den ventralen Vagus gedämpft.

Abbildung 7: Naturvölker sind aufeinander und auf entsprechende Bindungen angewiesen. Bindung bedeutet Sicherheit. Sicherheit bedeutet Ruhe und Erholung.

Natürlich wird sich auch ein Mitglied eines Naturvolkes sicher fühlen, wenn es nicht von einem Tier gejagt wird, aber langfristig gibt es nur die Zugehörigkeit zum Stamm, alles andere wäre ein Todesurteil.

Sichere Bindungen scheinen daher für unser ANS die wichtigste Art von Input zu sein, den es braucht, um in eine gesunde Homöostase eintreten zu können.

Aus Sicht der Polyvagaltheorie ist Sicherheit nicht die Abwesenheit von Bedrohung, sondern die Anwesenheit von Signalen, die für den Organismus Sicherheit bedeuten. Mehr dazu in Kapitel 6.

• • • ● • ● • • •

Stress und Defensivstrategien

Porges kritisiert in seinen Schriften auch die gängigen Definitionen dessen, was als "Stress" bezeichnet wird. Kern seiner Kritik ist, dass der Begriff "Stress" so unklar definiert ist, dass er praktisch nichts mehr aussagt. Er ist der Meinung, dass der Begriff für eine gute wissenschaftliche Arbeit nicht mehr geeignet ist.[21]

So schrieb er im Zusammenhang mit dem Thema "Stress" während der Behandlung von Krankheiten:

... die aktuellen Stressdefinitionen (stellen) entweder die Behandlung oder die Reaktion auf die Behandlung in den Vordergrund, jedoch nicht den neurophysiologischen Status vor der Behandlung.[22]

Daher muss man sich die Frage stellen, was eigentlich "Stress" ist. Das Online-Lexikon "Wikipedia" definiert Stress folgendermaßen:

> Stress bezeichnet zum einen durch spezifische äußere Reize (Stressoren) hervorgerufene psychische und physische Reaktionen bei Lebewesen, die zur Bewältigung besonderer Anforderungen befähigen. Und zum anderen die dadurch entstehende körperliche und geistige Belastung.[23]

Es fällt auf, dass diese Definition tatsächlich recht unklar ist.

In der Literatur gibt es drei unterschiedliche Ansätze zur Stressdefinition:

- Erstens die so genannte Reaktionsdefinition: Hier wird Stress unabhängig von seinem Auslöser über das Geschehen im Organismus definiert.

- Zweitens die sogenannte Stimulusdefinition: Hier wird Stress durch die auslösende Umwelt definiert.

- Drittens die sogenannte transaktionale Definition: Hier wird sowohl die stressauslösende Bedingung als auch die Stressreaktion berücksichtigt.[24]

Die dritte Definition, die transaktionale Definition, betrachtet Stress in der Beziehung zwischen Geschehen und Organismus. Sie thematisiert also sowohl das Geschehen als auch den Zustand des Organismus vor dem Auftauchen einer Herausforderung.

• • • ● ● • ● ● • •

Eine Stressdefinition, die diesen drei Kritikpunkten gerecht wird und zugleich transaktional ist, bietet meiner Meinung nach Dr. Heidi Hanna.[25]

Hanna ist Gründerin und CEO des Amerikanischen Instituts für Stress. Sie arbeitet intensiv mit allen wichtigen Forschern auf diesem Gebiet zusammen, so auch mit Stephen W. Porges, den sie im Rahmen ihres Stress-Summits 2017 persönlich interviewte.[26]

Hanna argumentiert wie folgt:

Alles, was einen Menschen potenziell zwingt, sich an etwas anzupassen, kann als Stressor wirken. Das können schlechte Ereignisse sein, aber auch Ereignisse, die als "schön" angesehen werden. Heiraten zum Beispiel gilt als schönes Ereignis, und der Hochzeitstag wird oft als der schönste Tag im Leben idealisiert. Tatsache ist aber: Für viele ist das Fest so unglaublich stressig, dass sie sich kaum an die Zeremonie erinnern.

Reisen gilt als erholsam, vor allem, wenn viel Erholung am Meer oder im Wellnesscenter eingeplant ist. Doch während einer Reise müssen wir uns immer auch mit vielen neuen Situationen auseinandersetzen.

Dazu gehören eine neue Umgebung, ungewohntes Essen und vor allem ein viel intensiverer Kontakt mit den Mitreisenden, als man es sonst gewohnt ist. Die Summe der Anforderungen, die es hier zu bewältigen gilt, kann durchaus als überfordernd und damit als sehr "stressig" empfunden werden.[27]

Stress, so definiert es Heidi Hanna, ist eine Energiekrise. Eine Energiekrise, die, wie Selye postulierte, dadurch ausgelöst wird, dass die Anforderungen zur Bewältigung einer Situation die Kapazität eines Organismus übersteigen.

Ich halte diese Definition für gut, weil inzwischen nachgewiesen werden konnte, dass das Gehirn in jeder Sekunde unseres Daseins berechnet, ob wir noch über die Ressourcen verfügen, um die aktuellen Aufgaben zu bewältigen.

Daher lautet die Definition von Stress nach Hanna:

Stress = Anforderung > Kapazität.[28]

Auf der Basis dieser Definition kann jedes Ereignis zum Stressauslöser werden.

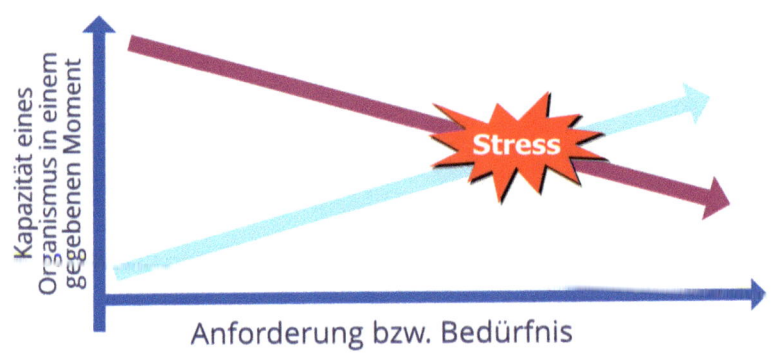

Abbildung 8: Stress ist eine Energiekrise.

• • • ● ● ● • • •

Die von Hanna gefundene Definition von Stress lässt sich auf alle Lebensbereiche anwenden und reduziert den Stressbegriff nicht auf reale physische Bedrohungen von außen. Auch Erinnerungen,

Gedanken und Gefühle können im Rahmen dieser Definition beim Menschen zu Stressauslösern werden.

Auf eine Herausforderung, die als "Stress" bezeichnet wird, reagiert das Gehirn mit einer von sechs bekannten Strategien.

• • • ● ● • ● ● • • •

Fawn (Beschwichtigen, Verhandeln)

Der Wunsch zu verhandeln, Allianzen zu pflegen oder zu suchen, Freundschaften zu schließen oder Netzwerke aufzubauen, scheint auf den ersten Blick eine gesunde Reaktion des ANS zu sein.

Dieses Verhalten, so prosozial es in den meisten Fällen ist, kann jedoch zu einer defensiven Strategie werden, wenn es nicht unter dem vollen Einfluss des ventralen Vagus (VVC) erfolgt, sondern als Abwehr einer sich anbahnenden Bedrohung. In der Stressforschung spricht man von "Tend and Befriend".[29]

"Tend and Befriend" ist eine Defensivstrategie, bei der noch versucht wird, ein Problem über Kontakte und Gespräche zu lösen.[30]

> "Tend and Befriend" ist die Defensivstrategie, die ausgelöst wird, wenn die Situation zwar schon etwas bedrohlich, aber wohl noch weitgehend sicher ist.

Alle Formen von Allianzen, Bündnissen, strategischen Freundschaften etc. fallen in diese Kategorie.[31]

Diese Form der Stressreaktion wird auch als "Fawn"[32] bezeichnet, was auf Deutsch "beschwichtigen" oder "verhandeln" bedeutet. Der Begriff "Fawn" scheint mir eine bessere Beschreibung dieser Stressreaktion zu sein als "Tend and Befriend".

Porges verwendet keinen der beiden Begriffe und hat sich meines Wissens auch nicht zu dieser defensiven Strategie geäußert.

Da aber auch diese Stressreaktion auf Untersuchungen zur Funktionsweise des ANS beruht, stelle ich diesen Begriff ergänzend zu den von Porges beschriebenen Abwehrstrategien Fight (Kampf), Flight (Flucht), Freeze (Erstarrung) und Faint (Erschlaffung, Ohnmacht) in Kapitel 5 vor.

• • • ● ● • ● ● • ·

Fight or Flight (Kampf oder Flucht)

Dies sind die beiden Abwehrstrategien, die mit der Aktivierung des Sympathikus einhergehen. Sie basieren auf zusätzlich zur Sympathikusaktivierung auf den Hormonen Adrenalin und Cortisol.

Es handelt sich um Abwehrstrategien, die auf die Mobilisierung und Freisetzung von Energie abzielen.

Beim Menschen sind auch verbale Formen von Kampf oder Flucht möglich, z.B. Schreien oder verbales Ausweichen. Es gibt offene Formen, die äußerlich als Kampf oder Flucht erkennbar sind (Schreien, Drohen).

Und es gibt verdeckte Formen, die sehr komplex und scheinbar freundlich sind, z.B. Komplimente, die eigentlich keine sind. ("Schatz, du hast ein bisschen zugenommen, das steht dir").

Diese defensive Strategie wird ausgelöst, wenn die Situation zwar als gefährlich, aber noch als beherrschbar eingeschätzt wird.

· · ● ● ● ● ● · ·

Freeze or Faint (Erstarren oder Erschlaffung/Ohnmacht)

Dies sind die beiden Defensivreaktionen, deren Beschreibung wir Stephen W. Porges und Peter Levine verdanken.[33]

Schätzt der Körper die Situation als lebensbedrohlich oder aussichtslos ein, wählt er eine dieser beiden Abwehrstrategien.

Die Freeze-Situation wurde vor allem von Levine erkannt und beschrieben. Levine beobachtete, dass wilde Fluchttiere, z.B. Gazellen, die von einem Raubtier "erwischt" werden, in eine Art Erstarrung, eine Art Bewegungslosigkeit verfallen. Innerlich sind sie hellwach und jederzeit bereit, aufzuspringen und erneut zu fliehen, wenn das Raubtier abgelenkt wird.

Porges beschreibt diese von Levine gefundene Erstarrung als eine Form der Mobilisierung.

Es gibt jedoch noch eine andere Form der Immobilisierung, die mit Muskelerschlaffung, möglichem Einkoten, verengten Pupillen und verlangsamtem Herzschlag einhergeht.

Diese Reaktion wird von Stephen W. Porges als "Abschalten" oder "Shutdown" bezeichnet. Er selbst und andere bezeichnen diese Reaktion als "faint".[34]

Freeze und Faint gehen ineinander über. Dies wird in Kapitel 5 beschrieben.

• • • • ● • ● • • •

Die Hierarchie der Defensivstrategien

Eine der Kernaussagen der Polyvagaltheorie ist, dass die von Porges beschriebenen Subsysteme des ANS eine Hierarchie bilden:

Drei neuronale Schaltkreise lösen eine Hierarchie von Reaktionen aus, die die Anpassung und das Verhalten in Reaktion auf sichere, gefährliche und lebensbedrohliche Umgebungen organisieren.[35]

Wenn das evolutionär jüngste System, das soziale System (VVC), aktiv ist und die gewohnte Komplexität zulässt, sind wir menschlich, kognitiv leistungsfähig, kontakt- und auch bindungsfähig.

Wenn das sympathische System (SNS) die meiste Energie zur Verfügung hat, sind wir kampfbereit, eventuell streitsüchtig oder ständig auf der Flucht. Wenn das alte parasympathische System (DVC) die Oberhand gewonnen hat, werden wir zu isolierten, "abgetauchten", zu primitiven Lösungen neigenden, egozentrischen Einzelgängern, die sich zurückziehen, gelähmt und passiv, aber nicht aggressiv sind.

Diese drei Reaktionsformen werden genau in der umgekehrten Reihenfolge aktiviert, in der sie evolutionär entstanden sind.

• • • • ● • ● • • •

Abbildung 9: Reihenfolge der Aktivierung der drei Defensivstrategien.

• • • ● • ● • • •

Begriffsklärung

Die Polyvagaltheorie wird immer populärer, was einerseits natürlich sehr schön ist, andererseits: Je mehr Menschen sich an dem Diskurs beteiligen, desto mehr Begriffe gibt es für die drei von Porges verwendeten Subsysteme des autonomen Nervensystems.

Deshalb möchte ich hier die Begriffe definieren, die ich in diesem Buch verwende.

In diesem Buch werde ich den Begriff "soziales System" verwenden, wenn ich den nach ventral ziehenden Vagusast meine. Die Bezeichnungen "Sympathikus" oder "sympathisches System" verwende ich, wenn ich das sympathische System meine.

Der Einfachheit halber verwende ich die Bezeichnungen "Parasympathikus" oder "parasympathisches System", wenn ich das nach dorsal verlaufende parasympathische Nervensystem meine, dessen wichtigster Nerv der Vagus ist.

Wenn nötig und im Kontext angemessen, werde ich auch die Begriffe "mobilisierendes System" für den Sympathikus und "immobilisierendes System" für den Parasympathikus verwenden.

Ich unterscheide also zwischen sozialem, sympathischem und parasympathischem System.

Das soziale System basiert u. a. auf dem nach ventral verlaufendem parasympathischen System des autonomen Nervensystems. Der wichtigste Nerv ist der 10. Kranialnerv, der Nervus vagus oder abgekürzt: der Vagus. Porges verwendet für dieses System häufig die Abkürzung VVC, VVC steht für "Ventral Vagal Complex".[36]

Das sympathische System basiert auf den dem Rückenmark entspringenden Nerven des Sympathikus. Porges verwendet häufig die Abkürzung SNS für "Sympathisches Nervensystem".[37]

Das parasympathische System ist der evolutionär gesehen alte, nach dorsal verlaufende Strang des parasympathischen Systems. Der wichtigste Nerv ist auch hier der 10. Kranialnerv, der Nervus vagus oder abgekürzt: der Vagus. Porges verwendet häufig die Abkürzung DVC für "Dorsal Vagal Complex".[38]

Um eindeutig zu zeigen, welches System ich meine, bezeichne ich die Systeme von nun an wie folgt, z. B.: "parasympathisches System (DVC)", die Abkürzung von Porges setze ich jeweils in Klammern zum genannten System hinzu.

• • • • ● • ● • • •

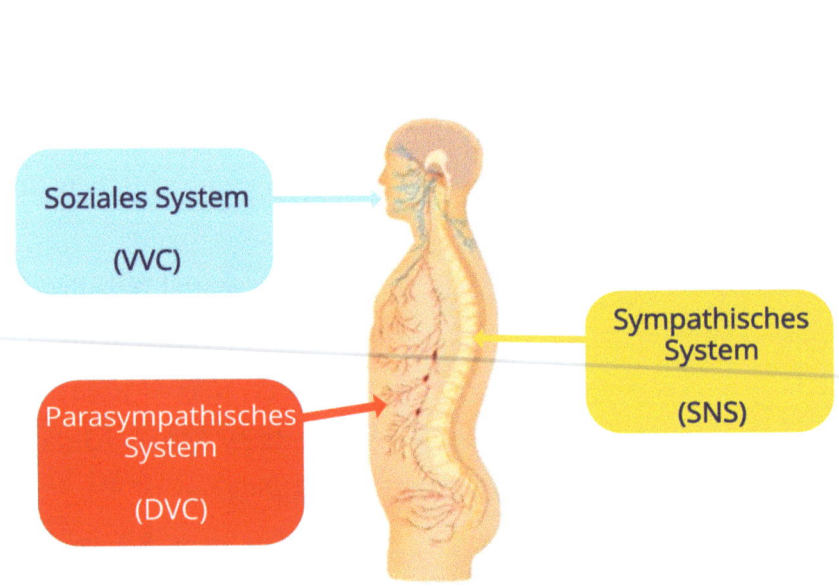

Abbildung 10: Das autonome Nervensystem im Körper. Das VVC ist blau, das SNS gelb und das DVC rot dargestellt.

• • • ● • ● • • •

Kein eigenständiges Handeln

In der derzeitigen Rezeption der Vagusforschung und der Polyvagaltheorie werden dem Vagus gelegentlich magische Kräfte zugesprochen. Scheinbar autonom bewirkt er, dass wir uns sozial verhalten oder auch nicht, dass er hier etwas tut und dort etwas reguliert.

Der Vagus ist ein hochkomplexes Datenkabel, aber er handelt nicht autonom. Er leitet Daten hin und her. Seine Hauptaufgabe ist es, Informationen vom Gehirn zum Körper und vom Körper zum Gehirn zu transportieren.

Je besser er das tut und je besser dieser Nerv organisch entwickelt ist, desto besser funktionieren wir. Aber der Nerv selbst trifft keine Entscheidungen. Er übermittelt sie.

Die Entscheidungen trifft das Gehirn in Abstimmung mit dem Körper. Die Nervenfasern des Nervensystems leiten diese Entscheidungen an die Zielorgane weiter und transportieren die Informationen zurück zum Gehirn.

• • • ● ● ● • • •

Die Sprache ist nicht die Biologie

Wenn Porges von "Sicherheit", "Gefahr" oder "Lebensgefahr" spricht, so ist dies ein sprachliches Konstrukt, ein Konstrukt, das im Reich der Sprache klar abgegrenzt und definiert werden kann.

Die biologische Wirklichkeit selbst lässt sich aber nicht so eindeutig kategorisieren.

Im Reich der Biologie gibt es nur sehr selten so klar abgrenzbare Zustände, wie sie uns ein sprachliches Konstrukt suggeriert. Die Informationen, auf die der Hirnstamm tatsächlich reagiert, sind keine Verbalisierungen, sondern elektrische und chemische Impulse.

Wenn wir diese Impulse mit den drei vorgestellten Kategorien bezeichnen, handelt es sich um ein Modell, das die biologische Wirklichkeit beschreibt, aber nicht die Biologie selbst. Die Wahrheit liegt wohl eher in der Art und Weise, wie eine Heizung geregelt wird.

Die wenigsten Heizungen haben heute zwei Zustände wie "heiß" oder "kalt", "an" oder "aus". Die meisten Heizungen sind stufenlos regelbar, man kann es etwas wärmer oder etwas kälter haben.

Es ist eher ein Spektrum.

Eine Einschätzung, wie "gefährlich" etwas ist oder erscheint, kann mit unterschiedlicher Intensität getroffen werden.

Einschätzungen wie "etwas gefährlich" oder "schon etwas sicherer". Es kann auch etwas "wärmer" oder etwas "kälter" sein.

Dies sollte bei jeder Diskussion der Porges-Kategorien berücksichtigt werden.

• • • • ● • ● • • •

Zusammenfassung

Die Polyvagaltheorie kann erklären, wieso das Gefühl der "Sicherheit" prosoziales Verhalten fördert.

Sie kann erklären, warum das Gefühl der Sicherheit defensive Reaktionen eher deaktiviert und gleichzeitig soziales Verhalten eher aktiviert.

In der zwischenmenschlichen Kommunikation kann die Polyvagaltheorie ebenfalls die guten und schlechten Gefühle erklären, die mit bestimmten Formen der Interaktion verbunden sind.

Die Polyvagaltheorie konzeptionalisiert die Reaktion unseres Körpers auf Bedrohung. Alle Wirbeltiere reagieren auf Bedrohung, indem sie ihren physiologischen Zustand entsprechend der Situation verändern.

Die Polyvagaltheorie beschreibt und respektiert damit den physiologischen Zustand eines Säugetiers in einem gegebenen Moment, und zwar als intervenierende Variable, also als vermittelnde Variable in der Interaktion zwischen Wirbeltier und Umwelt.

Auf der Kenntnis der Evolution der Wirbeltiere basiert die Polyvagaltheorie. Während der evolutionären Entwicklung der Wirbeltiere zu Säugetieren entstanden die drei beschriebenen neuronalen Schaltkreise des ANS. Alle drei dienen der Interaktion mit der Umwelt. Alle drei regulieren den Organismus auf eine bestimmte Art und Weise.

Ein weiterer Punkt der Polyvagaltheorie ist, dass die neuronalen Zirkel des autonomen Nervensystems hierarchisch organisiert sind. Das Nervensystem reagiert je nach Situation mit einem der drei neuronalen Kreisläufe, und zwar hierarchisch. Diese hierarchische Reaktion spiegelt in umgekehrter Reihenfolge die Reihenfolge der Entstehung während der Evolution wider.

1. Wikipedia, 2019

2. Wikipedia, 2019

3. Wikipedia, 2019

4. Seyle, 2017

5. Levine, 2018

6. Sapolsky, 2004

7. Levine, 1998

8. Porges, 2018

9. Levine, 1998

10. Der Vagustonus beschreibt die Aktivität des Vagusnervs, einem der wichtigsten Nerven des parasympathischen Nervensystems, der eine wichtige Rolle bei der Regulierung von Ruhe- und Erholungsprozessen im Körper spielt. Ein hoher oder niedriger Vagustonus zeigt an, wie aktiv und effektiv der Vagusnerv arbeitet, um das Gleichgewicht im Körper zu fördern. Der Vagustonus kann indirekt gemessen werden, meist über die Herzfrequenzvariabilität (HRV). Die HRV beschreibt die Variation der Zeitabstände zwischen den Herzschlägen. Ein hoher Vagustonus wird durch eine hohe HRV angezeigt, während eine niedrige HRV auf einen niedrigen Vagustonus hinweist. Ein gut funktionierender Vagustonus ist wichtig für das Gleichgewicht zwischen Stress und Entspannung und trägt zu einem gesunden, stressresistenten Lebensstil bei.

11. Porges, 2018

12. Porges, 2015

13. Porges, 2016

14. Porges, 2017

15. sinngemäß wiedergegeben, Übersetzung von Inke Jochims; Porges, 2016

16. Porges, 2020

17. Porges, 2020

18. Das ist im Grunde eine Vereinfachung. Keine Komponente unseres autonomen Nervensystems wird im Laufe unseres Lebens vollständig ausgeschaltet. Ihr Tonus nimmt ab, d.h. ihr Einfluss auf die entsprechenden Zielorgane nimmt ab.

19. Porges, 2010

20. "Lange" bedeutet: Bruchteile von Sekunden und nicht bewusst wahrnehmbar.

21. Hanna, 2017

22. Porges, 2010

23. Wikipedia, 2019

24. Grossarth-Maticek, 2000

25. Hanna, 2017

26. Hanna, 2017

27. Hanna, 2017

28. Hanna, 2017

29. Hanna, 2017

30. Hanna, 2017

31. Hanna, 2017

32. Dieser Vorschlag stammt von dem Traumatherapeuten Pete Walker.

33. Levine, et al., 2015

34. Porges, 2016

35. Porges, 2010

36. Porges, 2016

37. Porges, 2016

38. Porges, 2016

HOMÖOSTASE

Homöostase ist ein griechischer Begriff (altgriechisch homoiostásis) und bedeutet "Gleichgewicht" oder auch "Waage".

Ziel eines homöostatischen Systems ist es, ein Gleichgewicht herzustellen. Dazu werden Abweichungen so lange korrigiert, bis wieder eine stabile Ausgangslage, genauer gesagt ein bestimmter Sollwert, erreicht ist.

Ein Beispiel. Egal wie heiß oder kalt es draußen ist, unser Körper versucht immer, unsere Körpertemperatur in einem für unser Leben und Gedeihen optimalen Bereich zu halten. Sie pendelt sich zwischen 36,3 und 37,4 °C ein.

Weitere Beispiele sind der Blutzuckerspiegel, der möglichst konstant gehalten wird, und der Blutdruck, den der Körper ebenfalls konstant zu halten versucht.

Für diese und viele andere Vorgänge im Körper gibt es einen Sollwert, den der Körper immer wieder zu erreichen versucht.

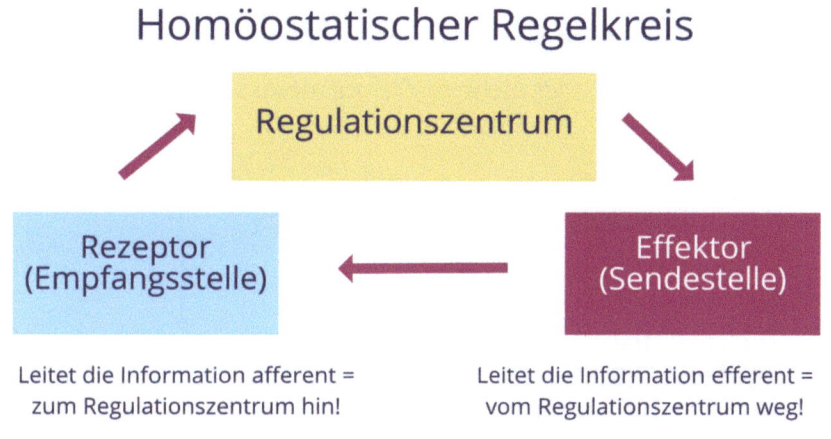

Abbildung 11: Homöopathischer Regelkreis

Wenn man an einem heißen Tag joggt, wird der Körper sehr heiß. Das Gehirn stellt daher fest, dass die Temperatur vom Sollwert für die optimale Körpertemperatur abweicht.

Es sorgt für Abkühlung, indem es über den Sympathikus die Schweißdrüsen aktiviert. Dabei wird der Sympathikus etwas stärker aktiviert als der Parasympathikus. Es fließt mehr Schweiß.

Ein anderes Beispiel: Wenn man zu wenig trinkt, fehlt dem Körper Wasser. Er meldet Durst, damit man wieder trinkt. Oder wir trinken zu viel und der Körper zwingt uns zu urinieren, damit der Wasserhaushalt des Körpers wieder in die Homöostase zurückkehrt.

Voraussetzung für die Homöostase ist, dass sich die verschiedenen Komponenten eines Systems gegenseitig beeinflussen, sich auch hemmen können, denn sonst würde ein System "überschießen", zu aktiv werden und ein oder mehrere Zielorgane zu stark beeinflussen.

• • • • • • • • • •

Homöostase und ANS

Sympathikus und Parasympathikus arbeiten immer gleichzeitig. Sie wirken gleichzeitig auf das Zielorgan ein und beeinflussen es wie ein Zügelsystem.[1]

Ihre Aufgabe ist das Herstellen einer Homöostase.

Das ANS hat also einen Sollwert. Wenn das soziale System (SNS) aktiv ist, reguliert es die beiden anderen Zweige des ANS so, dass der Organismus möglichst gesund, leistungsfähig und in sozialer Verbundenheit mit anderen Menschen lebt.

Dies ist der Fall, wenn - und das war eine wichtige Erkenntnis von Stephen W. Porges - der ventrale Vagus (VVC) aktiv ist und die beiden anderen Komponenten SNS und DVC reguliert.

Bei der Stressreaktion nimmt der Einfluss des VVC auf die wahrgenommenen Bedrohungssignale hin ab. Dies macht den Weg frei für eine Regulation, bei der eine der beiden anderen Komponenten, SNS oder DVC, den Tonus dominiert. Dies wiederum ermöglicht die entsprechenden Stressreaktionen.

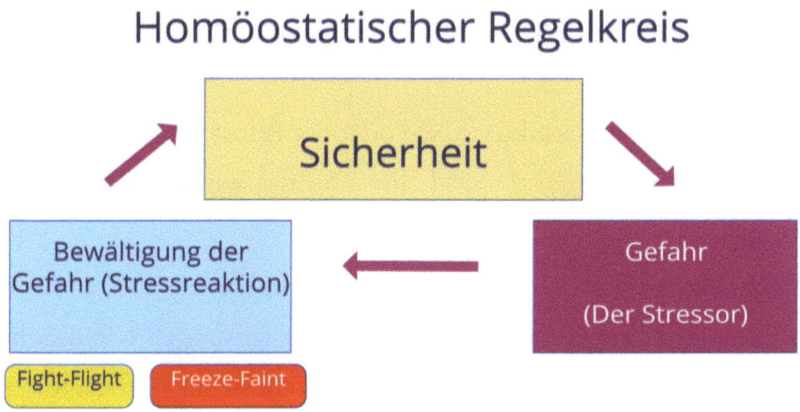

Homöostatischer Regelkreis

Abbildung 12: Sicherheit ist der Ausgangszustand, der so schnell wie möglich wieder erreicht werden soll.

• • • ● • ● • ● • •

Homöostase und Stressreaktion

Unser Nervensystem ist so aufgebaut, dass die angestrebte Homöostase der vom ventralen Vagus (VVC) dominierte Zustand sein sollte. Dies ist jedoch nur dann der Fall, wenn eine faktische oder psychologisch erlebte Sicherheit gegeben ist.

Das , dass der Sympathikus (SNS) oder der Parasympathikus (DVC) in diesem Moment inaktiv sind, ihr Einfluss wird nur vom VVC kontrolliert.

Dies ist die homöostatische Ausgangslage, in die unser Organismus nach überstandener Gefahr oder Bedrohung so schnell wie möglich zurückkehren soll. Weder unser Körper, noch unser Nervensystem, noch unser Gesamtorganismus sind für eine chronische Stresssituation ausgelegt.

Um aber in den Zustand der heilenden Homöostase zurückkehren zu können, braucht das Nervensystem ein Signal - und das ist das wahrgenommene und verarbeitete Signal "Sicherheit". Chronische Stressreaktionen entstehen, wenn dieses Signal ausbleibt oder nicht adäquat verarbeitet wird.

• • • • ● • ● • ● • • •

Wie schon der Stressforscher Robert Sapolsky schrieb, bekommen wir Menschen unsere Magengeschwüre nicht etwa deshalb, weil wir von einem Säbelzahntiger gejagt werden, sondern weil wir sozialen Stressoren ausgesetzt sind.[2] Dies wiederum bedeutet sehr oft, dass das Signal "Sicherheit" nicht oder zu selten gegeben wird.

Im Kontakt mit einem Säbelzahntiger gilt: Entweder er gewinnt den Nahkampf oder er trollt sich, aber die Stresssituation hat ein definitives und als solches erkennbares Ende. Für solche Stresssituationen sind wir geschaffen. Für ein klares Signal: "Die Gefahr ist vorbei. Du bist wieder sicher."

Der An-Aus-Schalter für den Wechsel zwischen der Dominanz des Sympathikus (Gefahr) und der Dominanz des Parasympathikus (Sicherheit, Heilung, Erholung, soziales Miteinander) ist der ventrale Vagus (VVC). Es ist der Nerv, der auf die Wahrnehmung "Sicherheit ist gegeben" reagiert und den Organismus vom Gefahrenmodus in den Sicherheitsmodus schaltet.[3]

Das Problem mit modernen Stresssituationen ist, dass wir mit einem biologischen Erbe reagieren, das für einen völlig anderen Kontext entwickelt wurde. Über Millionen von Jahren hat der Körper Stressreaktionen ausgewählt, die das körperliche Überleben am besten sicherten. Dafür haben sie sich entwickelt.

Diesen Kontext gibt es nicht mehr. Für die Bewältigung der heutigen Aufgaben sind diese biologischen Reaktionen oft nicht mehr optimal, manchmal sogar eher hinderlich.

Wir müssen also lernen, mit unserem biologischen Erbe in einer zivilisierten, industrialisierten Gesellschaft zu leben. Wir müssen darüber nachdenken, dass der Kontext, in dem wir leben, ein ganz anderer ist als der, in dem wir uns entwickelt haben.

Was vor allem in diesem Kontext häufig fehlt, ist der natürliche Zyklus von Aktivierung und Deaktivierung, von Stressreaktion einerseits und Ruhe und Erholung andererseits. Diese Zyklen werden nicht oder nicht mehr vollständig durchlaufen.

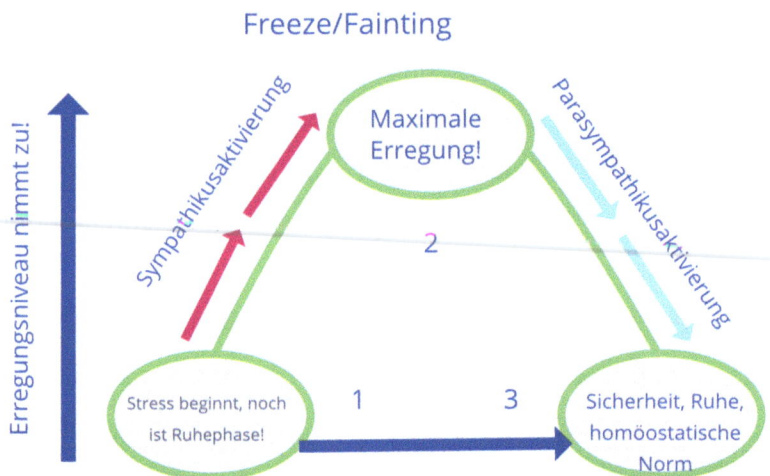

Abbildung 13: Aktivierung und Deaktivierung

Am Beispiel von Fluchttieren (Impalas, Gazellen u.a.) wird der natürliche Zyklus von Aktivierung und Deaktivierung dargestellt:

Abbildung 14: Erregungszyklus am Beispiel eines Fluchttieres.

• • • • • • • • •

Die Gazellenjagd

Stellen wir uns eine Herde Gazellen (ich verwende die Gazelle als Symbol für ein Fluchttier) vor, die friedlich in der Savanne grast. Die einzelnen Tiere sind ruhig, entspannt und Teil der Herde. Sie grasen und verdauen gemeinsam. Dies wird durch die Dominanz ihres ventralen Vagus (VVC) ermöglicht.

Zu diesem Zeitpunkt befindet sich die Herde auf der ganz linken Seite der Kurve in Abbildung 14. Sie sind, wie bereits erwähnt, immer noch ruhig, entspannt und in der Herde verbunden. Das ist ihre momentane Situation, ihr momentaner psycho-physiologischer Zustand. Aber nun taucht eine Großkatze auf und beobachtet die Herde, also ist ein Stressor in die Welt der Gazellen eingetreten. Das erste, was sie tun, ist: Sie beginnen sich zu orientieren. Die Fragen, die sie sich unbewusst stellen, lauten: "Was ist los? Ist das Geräusch, das ich gehört habe, ein Zeichen für Gefahr oder nicht?"

Wichtig ist, dass die Gazellen nicht bei jedem Geräusch die Flucht ergreifen. Auch wenn das Überlebensmotto in der Wildnis "Lieber einmal zu viel fliehen als einmal zu wenig" lautet, würden sie zu viele Energiereserven verschwenden, wenn sie bei jedem Geräusch sofort losrennen würden.

Also versuchen die Gazellen erst einmal herauszufinden, ob die kräftezehrende Flucht wirklich nötig ist. Diese Reaktion nennt man Orientierungsreaktion.

Die Gazellen hören auf zu grasen, wenden sich ihrer Umgebung zu und versuchen herauszufinden, was die (zu diesem Zeitpunkt noch leichte) Stressreaktion in ihnen ausgelöst hat.

Sie spitzen die Ohren, ihre Sinne werden wacher. Woher kommt das Geräusch? Woher kommt der Geruch? Was bedeutet das Geräusch, was bedeutet der Geruch?

Die Gazellen versuchen also herauszufinden, ob sie noch in Sicherheit sind. Noch befinden sie sich auf der linken Seite der Kurve, wie in Abbildung 14 zu sehen ist, aber ihre Nebennieren haben bereits begonnen, etwas Adrenalin für eine mögliche Flucht auszuschütten und ihr Herz schlägt schon etwas schneller.

Wenn die Gazellen begreifen: Es war nicht nur ein abgebrochener Ast oder der Wind, die Gefahr ist real, und sie verschwindet auch nicht wieder, dann wird ihr Körper mit Adrenalin überschwemmt und der Einfluss des ventralen Vagus (VVC) verringert sich. All diese physiologischen Veränderungen bereiten die Gazellen, unter Umständen in Bruchteilen von Sekunden, auf die bevorstehende Flucht vor.

Entsprechend der Hierarchie, in der sich die Abwehrstrategien im Laufe der Evolution entwickelt haben, steigt zunächst die Aktivierung des sympathischen Nervensystems (SNS).

Die Stressreaktion des SNS nähert sich ihrem Maximum an der Spitze der Kurve in Abbildung 14.

Die Großkatze greift an. Die Jagd auf die Gazelle beginnt. Der Sympathikus (SNS) wird bei Gazelle und Großkatze gleichermaßen aktiviert. Beide mobilisieren nun alle ihnen zur Verfügung stehenden Energien. Mit maximalem Einsatz wird gekämpft und geflohen.

Entweder gewinnt die Gazelle den Kampf und entkommt oder die Großkatze gewinnt und erbeutet die Gazelle. Dies entscheidet sich nach der jeweiligen Leistungsfähigkeit.

Nehmen wir nun an, die maximale Leistung der Gazelle hat nicht ausgereicht und die Großkatze hat die Gazelle - wie in Abbildung 14 dargestellt - zu Boden geworfen.

Wenn die Gazelle spürt, dass sie der Großkatze nicht mehr entkommen kann, fällt sie sofort in eine Freeze-Reaktion.

Die Freeze-Reaktion ist dadurch gekennzeichnet, dass das Tier sein Schicksal akzeptiert und nicht mehr weiterkämpft. Physiologisch sind in diesem Moment Sympathikus- und Parasympathikusaktivierung gleich stark, als ob Gas und Bremse gleichzeitig betätigt würden.

Der Gazelle steht noch die gesamte Energie der sympathischen Aktivierung zur Verfügung, gleichzeitig erstarrt ihr Körper unter dem Einfluss des parasympathischen Systems (DVC). Das bedeutet, dass die Gazelle erstarrt, aber noch nicht erschlafft ist. Sie ist noch mobilisiert genug, um bei einer letzten Chance aufzuspringen und zu fliehen.

In diesem Zustand ist auch das Bewusstsein der Gazelle herabgesetzt und das Schmerzempfinden vermindert, was bedeutet, dass das Tier weniger mitbekommt, wenn es getötet wird.

Zurück zu Abbildung 14: Die Gazelle ist nun am Scheitelpunkt der Kurve angelangt: maximale Erregung bei gleichzeitiger maximaler Abbremsung. Sie befindet sich im vollständigen Freeze-Zustand.

Körperlich ist die Gazelle also völlig starr. Das gibt ihr eine letzte Chance, denn nun ist die Großkatze davon überzeugt, dass ihre Beute bereits tot ist und lässt möglicherweise in ihrer Aufmerksamkeit nach.

Angenommen, die Gazelle ist noch weitgehend unverletzt und hat Glück, ein Nahrungskonkurrent kommt und lenkt die Großkatze für einen Moment ab, verwickelt die Großkatze in einen Kampf um die Beute. Die Großkatze lässt von der Gazelle ab und wendet sich dem Nahrungskonkurrenten zu.

Das Nervensystem der Gazelle spürt diesen Moment der Sicherheit. Die Gazelle ist sich ihrer Umgebung noch bewusst und kann einschätzen, ob die Großkatze über ihr ist oder nicht. Wenn nicht, reagiert ihr Nervensystem sofort. Im Bruchteil einer Sekunde erwacht sie aus ihrer Schockstarre und rast los, die Großkatze hat das Nachsehen.

Jetzt ist die Gazelle auf der rechten Seite der Kurve angekommen. Das sympathische Nervensystem (SNS) ermöglicht ihr die Flucht.

Nehmen wir weiter an, dass die Gazelle ihre Herde wiederfindet. Das wäre das Signal "Sicherheit", das ihr Nervensystem braucht, um den ventralen Vagus (VVC) wieder unter seinen Einfluss zu bringen. Das Nervensystem der Gazelle spürt: "Ich bin in Sicherheit".

Dann geschieht folgendes: Die Gazelle schüttelt sich noch einmal heftig, um den letzten Rest der aufgestauten Energie zu verbrauchen, dann übernimmt ihr ventraler Vagus (VVC).

Dieser bringt die Aktivität von SNS und DVC in das gewünschte Gleichgewicht. Beide Systeme sind nun in der Lage, ihre jeweiligen Aufgaben im Ruhezustand zu erfüllen.

Damit ist der homöostatische Sollwert, der durch den Parasympathikus vermittelte Ruhe- und Erholungszustand, wieder erreicht.

Die Gazelle beginnt sofort, ihre Reserven wieder aufzufüllen, da sie nicht weiß, wann die nächste Bedrohung in ihrem Universum auftaucht und sie für die nächste Jagd wieder fit sein muss.

Für die Gazelle reichen die Signale, die sie durch die Anwesenheit der Herde und die Abwesenheit der Bedrohung wahrnimmt, aus, um sich wieder vollkommen sicher zu fühlen. Ihr Nervensystem erhält alle Signale, die es braucht, um vollständig von einem Zustand in den anderen umzuschalten. Sie kann also die Stressreaktion abschließen. Am Ende ist sie entweder tot oder entspannt und erholt.

Das ist der Unterschied zwischen einer Gazelle, die in dem Kontext lebt, für den sie geschaffen wurde, und einem Menschen, der in einem Kontext lebt, für den er nicht geschaffen wurde. Eine Gazelle beendet ein Trauma. Sie geht nicht abends mit Kollegen in ein Restaurant und erzählt vom Stress des Tages.

Sie durchlebt das Ereignis nicht immer wieder im Geiste. Wenn ein Ereignis vorbei ist, vergisst sie es und wendet sich wieder dem Leben zu.

Der Mensch hingegen verharrt oft zu lange im Stresszustand, obwohl die Gefahr längst vorüber ist. Der Körper kommt nicht zur nötigen Ruhe und Erholung.

Der Stressforscher Hans Selye erkannte bereits in den 1950er Jahren aufgrund der Tatsache, dass die Nerven des Parasympathikus (er unterschied wie dargestellt noch nicht zwischen DVC und VVC) größer und auch stärker isoliert sind als die des Sympathikus (Isolierung bedeutet nicht zwingend Myelinisierung), dass der parasympathische Zweig des ANS eigentlich 90 % der Zeit in der dominanten Position sein müsste.[4]

Wir sind so konstruiert, dass wir 90 Prozent unserer Zeit in einem Zustand der heilenden Homöostase verbringen. Aber heutzutage dominiert meistens der Sympathikus, und deshalb erleben wir, was Gazellen nicht erleben - Burn-out oder Magengeschwüre als Folge chronischer Stresszustände.

Das menschliche Gehirn kann jedoch etwas, was die Gazelle nicht kann. Es kann unter dem Einfluss des ventralen Vagus (VVC) den Zustand seines ANS zu einem vergangenen Zeitpunkt erinnern und somit in Ruhe.

Solange die Abwehrreaktionen noch nicht vollständig aktiviert sind, kann der Mensch wahrnehmen, ob sein Sympathikus und damit sein

Kampf-oder-Flucht-System gerade aktiv ist, und er kann mit etwas Übung den Zustand seines ANS durch bewusste Absicht verändern.

Der Mensch hat die Fähigkeit zur Adaptation, zur Anpassung an gegebene Umstände. Er kann seine Reaktionen durch Bewusstheit verändern, eine Anpassungsmöglichkeit, die die Gazelle nicht hat.

Der Mensch kann Bewusstsein entwickeln, die Gazelle kann nur reflexartig reagieren. Sie ist ihrem Nervensystem ausgeliefert.

Der Mensch nicht.

• • • ● ● • ● ● • • •

1. Planet, 2012

2. Sapolsky, 2004

3. Cohen, 2020

4. O'Bryan, 2020

EVOLUTION UND DISSOLUTION

Evolution

S tephen W. Porges hat immer wieder betont, wie wichtig die evolutionäre Perspektive für die Entwicklung der Polyvagaltheorie war. Deshalb möchte ich sie hier kurz darstellen.

Die Erde, die wir (noch) unsere Heimat nennen, ist etwa vier Milliarden Jahre alt. Seit etwa einer Milliarde Jahren gibt es auf der Erde Leben. Wenn wir die Zeit um etwa 300 Millionen Jahre zurückdrehen könnten, würden wir eine Erde sehen, deren Oberfläche etwas anders aussah als die heutige und die von sehr großen Reptilien bewohnt war.

Die Evolutionstheorie kann uns nicht sagen, wie das Leben auf der Erde ursprünglich entstanden ist. Aber sie erklärt uns, wie sich dieses Leben in die unendlich vielen verschiedenen Arten, Merkmale und

Verhaltensweisen differenzieren konnte, die wir heute sehen. Evolution in der Biologie kann definiert werden als:

Jede Veränderung in vererbbaren Merkmalen innerhalb einer Population, sei dies Größe, Form, Farbe oder eben auch Verhaltensformen über Generationen hinweg.[1]

Die Evolutionstheorie, wie wir sie heute kennen, geht auf Charles Darwin zurück.[2]

Er entdeckte, dass sich Tiere und Pflanzen im Laufe der Zeit an ihre Umwelt anpassen und Merkmale entwickeln, die ihnen in ihrer jeweiligen Umgebung die besten Überlebenschancen bieten.

Diese Merkmale und Verhaltensweisen lassen sich am besten im Zusammenhang mit den Lebensbedingungen verstehen, für die sie entwickelt wurden. Daraus ergab sich Charles Darwins zweite wichtige Erkenntnis: Innerhalb einer Art überleben diejenigen Individuen, die am besten an ihre Umwelt angepasst sind.

Kinder stammen zwar genetisch von ihren Eltern ab, aber sie sehen etwas anders aus und haben etwas andere Eigenschaften als ihre Eltern, weil zwei verschiedene Formen des Erbguts zu einer neuen verschmolzen sind.

Wenn nun zufällig eine Giraffe mit einem längeren Hals und eine mit einem etwas kürzeren Hals geboren wird und der längere Hals in dem jeweiligen Kontext dem Überleben dient, hat die Giraffe mit dem längeren Hals die besseren Überlebenschancen. Folglich werden sich auch ihre Gene durchsetzen, da sie mehr Chancen hat, überlebensfähige Nachkommen zu zeugen.

Durch den Prozess der Evolution entstehen Stammbäume, die Arten differenzieren sich immer weiter aus.

· · · ● · ● · ● · · ·

Der gemeinsame Ursprung

Die Evolutionstheorie bedeutet auch: Alles, was lebt, ist letztlich aus einer Grundform des Lebens hervorgegangen, und deshalb ist alles, was lebt, auch miteinander verwandt. Diese Verwandtschaft zeigt sich, wenn man nur weit genug in die Vergangenheit zurückschaut. Die Evolution ist aber zufällig. Was ist das treibende Prinzip, das dafür gesorgt hat, dass sich aus einer einfachen, undifferenzierten Zelle die hochkomplexen und differenzierten Arten entwickelt haben, die wir heute sehen?

Die Antwort lautet: die natürliche Selektion, ein Prinzip, das Charles Darwin und Alfred Russel Wallace (1823-1913) etwa zur gleichen Zeit im 19. Jahrhundert entdeckten.

Die Mutation einzelner Gene bei der Fortpflanzung kann zufällig sein, die Auswahl dessen, was vererbt wird, wird durch den Kontext bestimmt. Genauer gesagt: Die natürliche Auslese erfolgt entlang der Frage, welche Eigenschaften und Verhaltensweisen einer Art in ihrem jeweiligen Kontext ein Mehr an Sicherheit, Nahrung und Fortpflanzungsmöglichkeiten bieten.

Die Natur ist bekanntlich gefährlich für das Überleben. Es gibt Bakterien, die uns zerstören können, Feinde, die uns fressen können, wir können an Hitze oder Kälte sterben. Wenn also eine Elterngeneration mehrere Kinder hervorbringt, entscheidet die Natur, welches leben und sich fortpflanzen kann.

• • • • ● • ● • • •

Was ist natürliche Selektion?

Natürliche Selektion ist der Prozess, durch den zufällig entstandene Genveränderungen auf eine konsistente, geordnete und nicht-zufällige Art ausgelesen werden.[3]

Die Natur entscheidet also letztlich, welche Merkmale erhalten bleiben und sich weiter ausdifferenzieren können und welche nicht.

Dass es so etwas wie eine gemeinsame Abstammung aller Arten gibt, die vor Jahrmillionen begonnen hat, ist keine heute beobachtbare Tatsache. Wir können diese Tatsache nur aus den Ergebnissen vieler Forschungsgebiete ableiten. Es handelt sich also um eine

Schlussfolgerung, die auf einer Anhäufung von Fakten beruht. Die Beweislage ist jedoch erdrückend.

Obwohl die Natur wahrscheinlich nicht über einen denkenden und planenden Geist verfügt, ist sie dennoch in der Lage, unglaublich komplexe und geordnete Strukturen hervorzubringen.

Evolution baut auf Vorhandenem auf.

Das Konzept der "gemeinsamen Abstammung" bedeutet auch, dass die Evolution nicht wirklich etwas Neues erfindet, sondern immer auf Vorhandenem aufbaut.

Das ist ein zentraler Gedanke für die Polyvagaltheorie. Evolutionär jüngere Tierarten können also Merkmale aufweisen, die von evolutionär älteren abstammen, auch wenn sich die Entwicklungslinien vor sehr, sehr langer Zeit getrennt haben.

Gerade weil wir mit primitiven, vor sehr langer Zeit entstandenen Lebewesen verwandt sind, so argumentiert Porges, tragen wir noch die von diesen Tierarten "erfundenen" Abwehrstrategien und das inzwischen allerdings für menschliche Bedürfnisse modifizierte parasympathische System (DVC) in uns.

• • • ● ● • ● ● • •

Die drei Systeme im Laufe der Evolution

Parasympathikus (DVC)

Das parasympathische System, sowohl das, was wir heute "VVC" nennen, als auch das, was sich heute als "DVC" manifestiert, hat sich im Laufe der Evolution aus einem Versorgungssystem entwickelt.

Ein Beispiel: Zu Beginn einer Schwangerschaft besteht der zukünftige Mensch eine Zeit lang nur aus wenigen Zellen. Solange diese Zellen alle ausreichend Zugang zum Fruchtwasser haben, können sie sich direkt versorgen. Ähnlich war es bei den Bakterien in der Ursuppe: Solange sie direkten Zugang zu Energie hatten, brauchten sie kein Versorgungssystem.

Zellen müssen Nahrung und Sauerstoff aufnehmen, sie müssen Verarbeitungsprozesse durchführen und schließlich die Reste ausscheiden. Sobald es also keinen direkten Kontakt mehr zwischen der einzelnen Zelle und dem sie versorgenden Wasser gibt, muss es ein eigenes Versorgungssystem geben.

• • • ● • ● • • •

Zelle mit einzelnen Organellen!

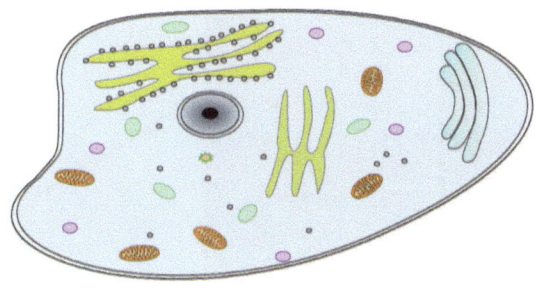

Abbildung 15: Die einzelne Zelle

Der Parasympathikus hat sich im Laufe der Evolution nicht nur als Versorgungssystem, sondern generell als Energiespar- und Energiespeichersystem entwickelt.

Die Entwicklung dieses Versorgungssystems begann vor etwa 500 Millionen Jahren.

Die Evolution des Autonomen Nervensystems (ANS)

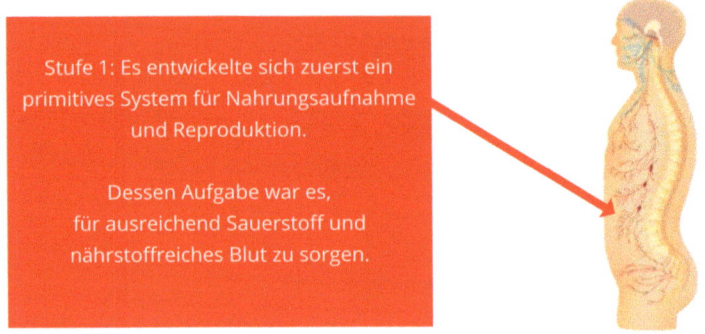

Abbildung 16: 1. Stufe der Evolution

• • • ● • ● • ● • •

Sympathikus (SNS)

Wenn wir etwa 300 Millionen Jahre zurückgehen könnten, würden wir einen Planeten sehen, der von sehr großen Reptilien und sehr kleinen, mausähnlichen Säugetieren bewohnt war.

Wir finden heute noch Reptilien, die denen von vor 300 Millionen Jahren sehr ähnlich sind.

Abbildung 17: Reptil

• • • • • ● • ● • ● • • •

Vor etwa 265 Millionen Jahren begann nach heutigem Forschungsstand endgültig das Zeitalter der Reptilien. Einige dieser Reptilien wurden sehr groß, wir nennen sie heute Dinosaurier.

Reptilien sind nicht zur Empathie fähig, weil sie sie nicht brauchen. Sie sind eine Art instinktiv funktionierender "Schlauch", oft mit riesigen Zähnen, der hauptsächlich mit Fressen und Verdauen beschäftigt ist.

Aber viele Reptilien haben Gliedmaßen und können sich bewegen. Alle können angreifen und kämpfen. Sie können fliehen, wenn auch oft nicht sehr schnell.

Wichtig ist: Mit der Entwicklung der Gliedmaßen hat sich auch das SNS (der Sympathikus) entwickelt. Die Kombination von Gliedmaßen und SNS entstand. Es gab also ein System, das Energie für die

Mobilisierung bereitstellen konnte, und die vorhandenen Glieder sorgten für die Beherrschung des Raumes.

· · · ● · ● · ● · ·

Reptilien oder Amphibien haben zwei Regulationssysteme. Entweder sind sie immobilisiert, d.h. sie versuchen weitgehend bewegungslos und unsichtbar zu bleiben, oder sie sind mobilisiert. Man denke an einen Frosch. Die meiste Zeit sitzt er, wenn möglich, im Wasser und ist so unbeweglich und unsichtbar wie möglich. Sobald ihn etwas stört, springt er auf und bringt sich in Sicherheit.

Er wechselt also zwischen Immobilität und Mobilisierung. Die Mobilisierung erfolgt auch beim Frosch durch seine Variante des Sympathikus, die Immobilisierung durch seine Variante des evolutionär alten Parasympathikus.

Abbildung 18: Immobilisierter Frosch

Porges entdeckte, dass Reptilien über ein Abwehrsystem verfügen, das nicht auf Energieausgabe, sondern auf Energieeinsparung beruht und durch den parasympathischen Zweig ihres ANS vermittelt wird. Reptilien sind die Spezies, die *das alte Versorgungssystem (DVC) als Abwehrsystem rekrutiert haben.*

Wenn Reptilien im Wasser leben und bedroht werden, hören sie auf zu atmen, ihre Herzfrequenz sinkt stark ab, sie koten, um ihren Stoffwechsel zu entlasten, und tauchen ab.

Reptilien, die an Land leben, erstarren vollständig und sehen für den Beobachter aus wie tot oder wie ein Stein. Auch hier fällt die Herzfrequenz stark ab und die Atmung stellt sich praktisch ein.

Das DVC als Abwehrsystem zu nutzen und sich zu beruhigen, zu immobilisieren, die Herzfrequenz zu senken und wenig zu atmen, ist für Reptilien eine brauchbare Strategie. Sie haben sehr kleine Gehirne mit sehr geringem Sauerstoffbedarf und können daher ihre Herzfrequenz sehr stark verlangsamen. Reptilien sind auch in der Lage, je nach Situation ihren Stoffwechselbedarf zu reduzieren und können diese Fähigkeit als Verteidigungsstrategie nutzen, um abzutauchen oder zu erstarren.

Säugetiere haben diese Verteidigungsstrategie in abgewandelter Form übernommen und nutzen sie bis heute. Wie oft haben Sie schon Sätze gehört wie: "Ich war starr vor Schreck", "Mir blieb die Luft weg" oder: "Er hat sich vor Angst in die Hose gemacht"? Das sind Verbalisierungen der Zustände, die entstehen, wenn bei uns Menschen diese uralte, über den Parasympathikus (DVC) vermittelte Abwehrstrategie ausgelöst wird.

• • • • ● • ● • • •

Die Evolution des Autonomen Nervensystems (ANS)

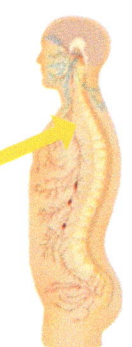

Stufe 2: Es entwickelt sich ein System mit mehr und auch komplexeren Reaktionsmöglichkeiten.

Tiere mit diesem System haben Glieder und Muskeln und können sie für die Nahrungssuche, die Verteidigung und die Reproduktion einsetzen.

Abbildung 19: 2. Stufe der Evolution

• • • ● • ● • • •

Das soziale System (VVC)

Vor etwa 200 Millionen Jahren entstanden die ersten sehr kleinen Säugetiere. Die Abstammungslinie zwischen Reptilien und Säugetieren begann sich aufzuspalten, winzige Wesen entstanden. Sie ähnelten kleinen Mäusen.

Neben den riesigen Reptilien hatten sie auf der Erde keine Überlebenschance, also zogen sie sich in die Bäume zurück. Dort blieben sie klein und unsichtbar, aber sie überlebten. Sie überlebten, bis ihnen ein Zufall zu Hilfe kam.

Vor etwa 85 Millionen Jahren schlug ein Asteroid auf der Erde ein, wahrscheinlich in der Nähe des heutigen Mexiko.

Die Wucht des Aufpralls war unvorstellbar groß, ein gewaltiger Feuersturm vernichtete alles, was er erfasste. Es wäre eine lokale Katastrophe unvorstellbaren Ausmaßes gewesen und wohl auch geblieben, wenn zu dem zerstörerischen Aufprall nicht noch etwas hinzugekommen wäre, das den gesamten Erdball in Mitleidenschaft zog.

Der Asteroid zerbrach beim Aufprall und ging in Flammen auf. Die Wucht des Aufpralls war so groß, dass die brennenden Gesteinsbrocken in die Erdumlaufbahn geschleudert wurden. Auf diesem Weg umkreisten sie die Erde, bis sie von der Schwerkraft der Erde wieder angezogen wurden. Die Brocken bildeten einen unendlich großen, brennenden "Asteroidenschwarm".

Der Brand blieb nicht lokal begrenzt, sondern erfasste praktisch die gesamte Erde. 90 Prozent der Biomasse des Planeten entzündete sich und verbrannte. Zwei Drittel aller Arten starben im Feuersturm sofort aus.

Doch dabei blieb es nicht. Nach dem Feuer kam der nächste apokalyptische Reiter: der erste nukleare Winter, den die Erde erlebte.

Die Asche der zahlreichen Brände verdunkelte den Himmel so sehr, dass die Sonne nicht mehr durchdringen konnte, Tag und Nacht waren nicht mehr zu unterscheiden. Das dauerte mindestens Monate, wahrscheinlich Jahre. Nur die kleinsten Lebewesen mit einem sehr geringen Lungenvolumen hatten eine Chance und überlebten.

Als der Himmel wieder klar wurde, die Sonne wieder durchschien und ein neuer Tag der Zeitgeschichte begann, waren die Dinosaurier allesamt ausgestorben.

Der Weg für die Säugetiere war frei.

• • • **•** • **•** • • ·

Die Evolution des Autonomen Nervensystems (ANS)

Stufe 3: Es entwickelt sich ein sehr elaboriertes, komplexes System, welches Verhaltensformen ermöglicht, die die langfristige Entwicklung eines großen Kortex fördern. Diese Verhaltensweisen sind: Die langfristige Bindung zwischen Mutter und Kind, soziale Kooperation mittels Sprache und nonverbale Kommunikation mit Hilfe der Gesichtsmuskeln.

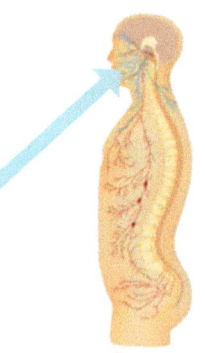

Abbildung 20: 3. Stufe der Evolution

• • • ● • ● • • •

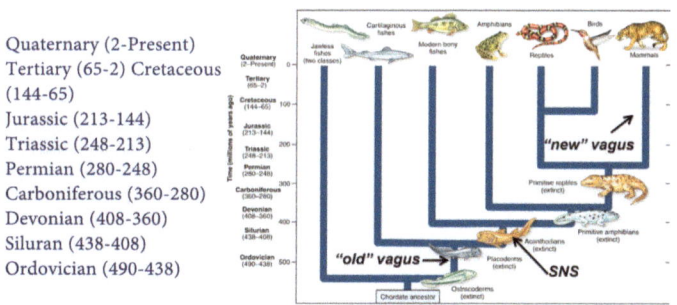

Quaternary (2-Present)
Tertiary (65-2) Cretaceous
(144-65)
Jurassic (213-144)
Triassic (248-213)
Permian (280-248)
Carboniferous (360-280)
Devonian (408-360)
Siluran (438-408)
Ordovician (490-438)

Abbildung 21: Die Evolution des ANS. Zeichnung nach Stephen W. Porges.

Ontogenese und Phylogenese

Was bedeutet Ontogenese? Ontogenese ist die Beschreibung des Seienden. Die Ontogenese befasst sich mit der individuellen Entwicklung einzelner Lebewesen.

Beim Menschen beschäftigt sie sich mit der Entwicklung des Individuums vom allerersten Moment der Befruchtung einer Eizelle bis zum letzten Moment des Lebens, dem Tod.

Warum ist das wichtig im Zusammenhang mit der Polyvagaltheorie? Der Zusammenhang zwischen Ontogenese und Phylogenese ist eine wichtige Stütze dieser Theorie.

Nach dem Arzt, Anatom und Evolutionsforscher Ernst Haeckel (1834-1919) rekapituliert die Ontogenese die Phylogenese.[4]

- Die Phylogenese beschreibt die historische Gesamtentwicklung aller Lebewesen. Die Phylogenese beschreibt die Entwicklung aller Lebewesen - vom ersten Einzeller, der je gelebt hat, bis zum heutigen Homo sapiens. Sie beschreibt die Entwicklung der Tierstämme und die Stammesgeschichte.

- Die Ontogenese beschreibt die individuelle Entwicklung, d.h. die Entwicklung vom Embryo zum Erwachsenen.

Die Ontogenese ist also ein sich ständig wiederholender Prozess. Die Phylogenese ist ein Prozess, der bereits stattgefunden hat, zum Beispiel die Entwicklung vom Einzeller zum Wirbeltier. Die Ontogenese wiederholt sich in jedem neu entstehenden Individuum, die Phylogenese entwickelt sich immer weiter.

Der Zusammenhang zwischen Ontogenese und Phylogenese wird auch als "biogenetisches Grundgesetz" oder "Rekapitulationstheorie" bezeichnet. Für Haeckel, der den Zusammenhang zwischen Ontogenese und Phylogenese untersuchte und das biogenetische Grundgesetz formulierte, war die Ontogenese das Ergebnis der Phylogenese. Daraus ergab sich seine Kernidee: In der Ontogenese wiederholt sich die Phylogenese.

Haeckel prägte den Satz: "Die Ontogenese rekapituliert die Phylogenese".

Wir wiederholen, so die Hypothese, als Fötus während der Schwangerschaft in unserer individuellen Entwicklung die Entwicklung der Arten. Wir beginnen als Einzeller, leben eine Zeit lang als Fisch und werden erst allmählich zu dem hochkomplexen Lebewesen, als das wir schließlich geboren werden.

Haeckel zeigte, dass die Embryonen verschiedener Tierarten und auch die des Menschen zu Beginn ihrer Existenz kaum unterscheidbar sind. Erst in der individuellen Ontogenese kommen später Merkmale hinzu, die auch in der Gesamtentwicklung, der Phylogenese, zeitlich später entstanden sind.

Vereinfacht gesagt: Je früher ein Merkmal in der Schwangerschaft (Ontogenese) auftritt, desto früher hat es sich auch in der Evolution (Phylogenese) entwickelt.

Haeckels Theorie hat viele fruchtbare Denkanstöße gegeben, ist aber letztlich nicht vollständig bestätigt worden. Es gibt Entwicklungen in der individuellen Ontogenese, zum Beispiel bei der Entwicklung von Organen, die nicht dem Verlauf der Phylogenese entsprechen.

Die Rekapitulationstheorie wird heute stark relativiert. Während Haeckels ursprüngliche Theorie übertrieben war und teilweise widerlegt wurde, gibt es Hinweise darauf, dass bestimmte Entwicklungsprozesse (z.B. homologe Strukturen oder genetische Mechanismen) Gemeinsamkeiten zwischen Ontogenese und Phylogenese aufweisen.

•••••••••••

Stephen W. Porges übernahm von Haeckel den Grundgedanken, dass die Ontogenese die Phylogenese reproduziert, als er nach einer Lösung für das Vagus-Paradox suchte. In der Tat kommen Babys mit einem unterentwickelten ANS zur Welt (die Myelinisierung des VVC fehlt), d.h. mit einem ANS, das früheren Stadien der evolutionären Entwicklung der Tierarten ähnelt.

Ich weiß nicht, ob er Haeckel irgendwo erwähnt hat, aber er hat implizit dessen Hypothese übernommen.

Nach dieser Hypothese müsste ein Baby während seiner individuellen Entwicklung zuerst die evolutionär früheren Formen des ANS entwickeln, also den dorsalen, nicht myelinisierten Vagus (DVC), und erst später den myelinisierten, sozialen Vagus (VVC). Tatsächlich ist dies auch der Fall.

Wenn ein Baby zu früh geboren wird, ist sein Nervensystem noch nicht vollständig entwickelt, daher die häufigen Bradykardien, die Porges, wie in Kapitel 1 beschrieben, beobachtete.

Der entwicklungsgeschichtlich jüngere, bei der Geburt noch nicht, später aber myelinisierte soziale Vagus (VVC) muss noch nachreifen, und zwar im sozialen Kontakt mit der primären Bezugsperson, in der Regel der Mutter. Dies gilt natürlich nicht nur für Frühgeborene, sondern für alle Babys. Mehr dazu in Kapitel 8.

Was aber schon bei der Geburt vollständig entwickelt ist, ist der DVC, der Parasympathikus. Dieser, nicht myelinisierte Vagus, erreicht mit einigen Fasern auch das Herz. Obwohl er anatomisch hauptsächlich die Organe unterhalb des Zwerchfells steuert, regulieren einige Fasern auch den Herzschlag. Und dieser kann zu stark herunterreguliert werden, er kann das Herz des Babys so sehr verlangsamen, dass es zum Stillstand kommt.

Das Studium der Ontogenese im Vergleich zur Phylogenese lieferte den entscheidenden Hinweis zur Lösung des Vagus-Paradoxes und somit zur Entwicklung der Polyvagaltheorie.

• • • ● • ● • • •

Die Evolution des Mittelohrs

Dass sich die Säugetiere in der Evolution durchgesetzt haben, verdanken wir, wie dargestellt, wahrscheinlich einem kosmischen Unfall.

Aber schon vor diesem kosmischen Unfall hat die Evolution einen Sprung in der Entwicklung der Säugetiere gemacht, der äußerlich nicht dramatisch aussieht, aber letztlich das kognitive Wesen hervorgebracht hat, das der Mensch heute ist.

Wie kann man anhand des Skeletts ein Säugetier von einem Reptil unterscheiden? Es gibt nur einen einzigen Knochen, an dem ein Paläontologe mit Sicherheit erkennen kann, ob er es mit einem Säugetier oder einem Reptil zu tun hat. Dieser Knochen ist das Mittelohrknöchelchen, das aus drei Teilen besteht.

Säugetiere können höhere Frequenzen hören und senden als Reptilien. Sie können sich also untereinander auf einem Kanal "funken", den ihre Feinde nicht hören können.

Säugetiere können einander warnen, sie können einander die kostbare Zeit schenken, die der andere - nicht man selbst - braucht, um vor dem herannahenden Feind zu fliehen. Säugetiere haben das Prinzip der Selbstlosigkeit und das Prinzip der Kooperation erfunden. Die organische Voraussetzung dafür ist der Bau des Mittelohrs.

Reptilien sind völlig egozentrisch und kämen gar nicht auf die Idee, bei Gefahr den anderen zu warnen. Säugetiere aber können das und tun es auch. Die Fähigkeit dazu gibt ihnen eben ihr Mittelohr:

Die Evolution des menschlichen Mittelohrs ermöglichte es, dass luftübertragene, relativ hochfrequente Töne niederer Amplitude (zum Beispiel Töne in den Frequenzen der Vokalisierung) selbst dann gehört werden, wenn die akustische Umgebung von niederfrequenten Geräuschen dominiert wird. Diese phylogenetische Neuerung ermöglichte es den frühen Säugetieren, über ein Frequenzband zu kommunizieren, das von den Reptilien nicht entdeckt werden konnte.[5]

Wir wissen nicht, warum sich die Säugetiere entwickelt haben, aber wir tragen die Spuren dieses großen evolutionären Ereignisses in unseren Ohren.

Porges stützte seine Theorie auf die Erkenntnisse amerikanischer Paläontologen, hier dargestellt von Neil Shubin:

1913 erkannte der amerikanische Paläontologe W. K. Gregory vom American Museum of Natural History einen wichtigen Zusammenhang zwischen (...) Embryonen und (...) Fossilien aus Afrika. Das säugetierähnliche Reptil, das den Reptilien am nächsten stand, hatte im Mittelohr nur einen einzigen Knochen, und sein Kiefer bestand wie bei anderen Reptilien aus vielen Knochen. Als Gregory sich aber in der Reihe die immer stärker säugetierähnlichen Formen ansah, zeigte sich etwas Bemerkenswertes (...), eine ununterbrochene Folge von Formen, die zweifelsfrei zeigten, dass die Knochen am hinteren Ende des Reptilienkiefers im Laufe der Zeit immer kleiner geworden waren, bis sie sich schließlich im Mittelohr der Säugetiere befanden. Hammer und Amboss haben sich tatsächlich aus Kieferknochen entwickelt.[6]

Wozu brauchen Säugetiere ein Mittelohr mit drei einzelnen Gehörknöchelchen, mit Hammer, Amboss und Steigbügel?

Mit Hammer und Amboss können Schallwellen verstärkt werden.

Die Schallwellen treffen auf das Trommelfell und versetzen es in Schwingungen. Dadurch werden die drei Gehörknöchelchen im Mittelohr in Bewegung gesetzt. Der Hammer schlägt auf den Amboss, der wiederum den Steigbügel in Bewegung setzt, der nun die Schallwellen verstärkt an das Innenohr, die sogenannte Schnecke, weiterleitet.

Diese leitet das akustische Signal an das Gehirn weiter, wo es in den entsprechenden Zentren verarbeitet wird.

Die zweite wichtige Fähigkeit, die der Aufbau des Innenohrs den Säugetieren ermöglicht, ist das Umschalten zwischen tiefen Frequenzen (z.B. Hintergrundgeräusche) und hohen Frequenzen (menschliche Sprache).

Der sich verändernde Tonus des Stapediusmuskels (Steigbügelspanner; nervlich versorgt durch einen Ast des Gesichtsnervs) und des Tensor tympani (Trommelfellspanner; versorgt durch einen Ast des Trigeminusnervs) reguliert die Steifheit der Gehörknöchelchenkette. Wenn die Gehörknöchelchenkette steif ist, werden niederfrequente Geräusche an das Innenohr gedämpft.

> Die funktionelle Auswirkung dieser Muskeln auf die wahrgenommene akustische Umgebung besteht darin, die niederfrequenten Töne markant zu mindern, um so die Auskopplung der mit menschlichen Stimmen assoziierten höherfrequenten Töne zu erleichtern.[7]

Der Steigbügel, der letzte der drei Knöchelchen im Mittelohr, hat sich aus den Kieferstäben der Reptilien bzw. Fische entwickelt.

> Wenn man einen erwachsenen Menschen und einen Hai betrachtet, würde man nie auf die Idee kommen, dass dieser winzige Knochen im Inneren des menschlichen Ohrs dem großen Stab im Oberkiefer eines Fisches entspricht (...) Der Steigbügel stammt wie der

entsprechende Knochen bei Haien und anderen Fischen (...) vom zweiten Kiemenbogen ab.[8]

Die Gehörknöchelchen im Innenohr sind mal mehr, mal weniger beweglich. Dies wird von einem der Nerven gesteuert, die Porges dem sozialen System zuordnet.

Mit der Fähigkeit, die entsprechenden Muskeln so zu regulieren, dass die Kette der Gehörknöchelchen im Mittelohr mal steifer, mal weniger steif ist, war es möglich, das Hörvermögen (tiefe oder hohe Frequenzen) in Abhängigkeit von einem empfangenen Signal für "Gefahr" oder "Sicherheit" zu regulieren. Wir verstehen unseren Gesprächspartner nur dann gut, wenn wir uns sicher fühlen.

Die Fähigkeit, einander zuzuhören, hat sich also evolutionär aus der Fähigkeit, einander zu verschlingen, entwickelt. Unsere Sprache, so kann man spekulieren, hat dieses Wissen bewahrt, und so sagen wir, wenn wir uns bei jemandem sicher fühlen und ihm gut zuhören können: "Ich mag dich zum Fressen gern".

• • • ● • ● • • •

Der missverstandene Darwin

Stephen W. Porges hat immer wieder darauf hingewiesen, dass seiner Meinung nach Darwins Aussage vom Überleben des Stärkeren missverstanden wurde. Zuletzt wiederholte er diese Ansicht auf der wichtigsten Trauma-Konferenz des Jahres 2020, die von Niki Gratrix und Alexander Howard veranstaltet wurde. Im Interview mit Howard betonte Porges:

> Sie (die Polyvagaltheorie, Anm. d. Autorin) lehrt uns, dass das Überleben der Säugetiere nicht davon abhing, noch aggressiver, sondern kooperativ zu sein. Wir haben Darwins Aussage vom Überleben des Stärksten missverstanden (...), die faktische Geschichte der Säugetiere war die der Kooperation.[9]

Ich möchte hier eine Überlegung des Philosophen Alfred Korzybski einfügen, die mir sehr gut zu den Kerngedanken der Polyvagaltheorie zu passen scheint und die bereits 1929 formuliert wurde.

Allerdings, und das betone ich ausdrücklich, ist dies eine Ergänzung von mir, nicht von Stephen W. Porges. Ich bin aber der Ansicht, dass diese Überlegungen die Polyvagaltheorie sehr deutlich unterstützen.

Korzybskis These besagt, dass die Säugetiere, insbesondere der Mensch, sich eine Ressource angeeignet haben, die den Reptilien nicht zur Verfügung stand - und das ist die Ressource Zeit.

Alfred Korzybski sah nur den Menschen als das Wesen, das sich diese Ressource angeeignet hat, aber zu Korzybskis Zeit gab es noch keine Bindungstheorie und die Fähigkeiten der Säugetiere insgesamt waren noch zu wenig erforscht.

Daher können wir heute seine Überlegungen auf andere Säugetiere ausdehnen und argumentieren: Säugetiere waren bindungsfähig, und weil sie bindungsfähig waren, konnten sie eine Ressource nutzen, die Reptilien nicht nutzen konnten. Damit besetzten sie eine ökologische Nische, die noch nicht besetzt war, und das ermöglichte ihnen letztlich das Überleben in einer feindlichen Welt.

Diese ökologische Nische ist die Zeit, die Zeit im Gegensatz zum Raum, den die Reptilien besetzten, als die Säugetiere entstanden. Wie das?

Der Sprachphilosoph Alfred Graf Korzybski, ein polnischer Adliger jüdischer Herkunft, sah schon 1929 den heraufziehenden Faschismus in Deutschland im Namen eines missverstandenen Darwin. In seinem Buch "Manhood of Humanity" versuchte er, Darwins Diktum vom "survival of the fittest" zu relativieren. Seine Überlegungen sind auch heute noch brandaktuell.

Weil die Säugetiere ihre Jungen "süß" fanden und pflegten, sie fütterten und nicht auffraßen, konnten diese Jungen länger leben und so die gewonnene Zeit nutzen, um ein viel komplexeres Gehirn und Nervensystem zu entwickeln als ihre Gegner, die Reptilien.

Ein komplexeres Nervensystem ermöglicht bessere Fähigkeiten bei der Nahrungssuche, soziales Verhalten, oft auch besseren Schutz vor Feinden. Mit anderen Worten: ein besseres Überleben.

• • • ● • ● • • •

Bindungsfähigkeit und die Ressource "Zeit"

Vor Hunderten von Millionen Jahren entstand im Laufe der Evolution die Möglichkeit, Lebewesen mit Knochen und Gliedern auszustatten. Und diese Lebewesen hatten von da an eine Ressource zur Verfügung, die zuvor nicht oder nur in sehr kleinem Umfang zur Verfügung stand: Raum.

Weil die Lebewesen sich bewegen konnten, konnten sie beginnen, den Raum zu nutzen. Sei es der Raum des Wassers, der Raum des Landes oder der Raum der Luft.

Man konnte zu Nahrungsquellen laufen, fliegen oder schwimmen, und man musste lernen, vor Fressfeinden wegzulaufen, wegzufliegen oder wegzuschwimmen. Und im Raum gilt genau das, was Charles Darwin beobachtet hat: Wer am schnellsten schwimmt, am höchsten springt, die stärksten Zähne, die längsten Klauen oder die größten Flügel hat, der gewinnt.

Der Stärkste oder Fitteste beherrscht den Raum. Der körperlich Stärkste überlebt, wenn eine Tierart vor allem auf die Ressource Raum als ökologische Nische angewiesen ist.

Natürlich sind auch Säugetiere auf diese Ressource angewiesen. Auch unter den Säugetieren gilt, dass man körperlich stark sein muss, wenn man durch einen weiten Raum laufen möchte.

Es könnte aber auch sein, dass mit den Dinosauriern die Ressource "Raum" einfach erschöpft war und das Leben sich "aufmachte", die nächste ökologische Nische zu besetzen. Wie bereits erwähnt, lernten die Säugetiere, sich gegenseitig vor herannahenden Feinden zu warnen und erfanden so Kooperation und Altruismus.

Mit der Zeit übertrugen sie diese Fähigkeit auf die Beziehung zu ihren Jungen und entwickelten eine Fortpflanzungsstrategie, die auf einer engen Beziehung zwischen einer Mutter und einem einzigen (oder sehr wenigen) Jungen beruht, zu dem (denen) die Mutter eine intensive und unterstützende Bindung aufbaut. Indem Säugetiere ihren Jungen Schutz bieten, geben sie ihnen Zeit - und Zeit ist die Voraussetzung für Komplexität.

Säugetiere sind nicht nur auf die Beherrschung des Raumes angewiesen, die Beherrschung der Ressource "Zeit" erfordert ganz andere Fähigkeiten und Eigenschaften als körperliche Kraft. Die Nutzung der Ressource Zeit setzt Kooperations- und Bindungsfähigkeit voraus. Unter den Lebewesen, die Zeit nutzen, überlebt der Bindungsfähige, der Beziehungsfähige und nicht der körperlich Stärkere, der Gewalttätige.

• • • ● • ● • ● • •

Zeit und Symbole

Alle Säugetiere haben die Ressource Zeit genutzt, um ein komplexes Nervensystem aufbauen zu können. Aber kein Säugetier hat die Ressource Zeit jemals so effizient genutzt wie der Mensch.

Der Mensch ist fähig, Symbole zu verwenden, die Schrift, das Bild, die Tonfolge. Und dank dieser Fähigkeit kann der Mensch Lebenserfahrung aufschreiben und an die nächste Generation weitergeben. Diese Fähigkeit nannte Alfred Korzybski die Fähigkeit zur "Zeitbindung" (timebinding) und bezeichnete daher Menschen als die Zeit bindende Klasse des Lebens.[10]

Reptilien können nur ihre Gene an die nächste Generation weitergeben, Säugetiere bis zu einem gewissen Grad auch ihre Erfahrungen. Menschen können nicht nur Gene, sondern auch Erfahrungen in Form von Bedeutungseinheiten weitergeben, die der Evolutionstheoretiker Richard Dawkins "Meme" nennt:

Beispiele für Meme sind Melodien, Gedanken, Schlagworte, Kleidermoden, die Art, Töpfe zu machen oder Bögen zu bauen.

• • • ● • ● • • •

So wie Gene sich im Genpool vermehren, indem sie sich mithilfe von Spermien oder Eizellen von Körper zu Körper fortbewegen, verbreiten sich Meme im Mempool, indem sie von Gehirn zu Gehirn überspringen (...)[11]

"Meme" sind also Bedeutungseinheiten. Das klingt kompliziert, bedeutet aber nur, dass Gedanken, Überzeugungen und Erkenntnisse nicht mehr mit dem Menschen sterben, der sie einmal gedacht oder gefühlt hat.

• • • ● • ● • • •

Hier ein Beispiel:

Ein Vogel, der im Laufe seines Lebens lernt, bessere und stabilere Nester zu bauen, wird mehr Junge aufziehen können als ein Vogel, der dies nicht lernt. In diesem Sinne kann er dazu beitragen, dass künftige Vögel seiner Art intelligenter werden, da seine Küken seine Gene erhalten.

Dank des klügeren Altvogels, der bessere Nester gebaut hat als sein Bruder, überleben diese Küken, und so wird es langfristig vielleicht mehr klügere Vögel geben.

Aber unser geschickter Nestbauer kann seinen Nachkommen nicht beibringen, wie man stabilere Nester baut.

Wenn die Küken groß genug sind, um selbst Eltern zu werden, fangen sie wieder von vorne an. Sie machen die gleichen Fehler wie ihre Eltern, sie lernen durch Versuch und Irrtum - und das ist die langsamste Art des Lernens. Die Evolution der Vögel vollzieht sich also relativ langsam über viele, viele Generationen.

• • ● ●• ● ●• ● • •

Abbildung 22: Vogelnest mit Eiern

• • • ● ● ● ● • • •

Ein menschlicher Architekt hingegen kann seinem Kind die Erfahrungen seines Lebens weitergeben. Er kann ihm Statik beibringen und ihm Notizen geben. Das Kind fängt genau dort an, wo die vorhergehende Generation aufgehört hat.

Die Fähigkeit des Menschen, Zeit in Form von Symbolen festzuhalten, hat wiederum einen Preis, nämlich den, dass der Mensch sich eine extrem lange Reifezeit für sein Gehirn und sein Nervensystem leistet. Teile unseres Gehirns sind erst nach dem zwanzigsten Lebensjahr entwickelt. Bis aus einem Baby ein Architekt wird, muss der Sohn oder die Tochter des Architekten jahrelang von allen Sorgen um Nahrung und ein Dach über dem Kopf befreit werden.

Dieses Kind braucht Zeit, um in Ruhe zur Schule und dann zur Universität gehen zu können. Denn die Fähigkeit, die Symbole der Vorgängergeneration zu entschlüsseln und in Erfahrungen und neue Fähigkeiten umzuwandeln, ist nicht angeboren. Sie ist das Ergebnis von Entwicklung und Sozialisation. Diese komplizierten Entwicklungsprozesse brauchen viel Zeit und eine entscheidende Voraussetzung: Sicherheit, und zwar emotionale und finanzielle Sicherheit.

Emotionale und finanzielle Sicherheit entstehen aber nur in gelingenden Beziehungen.

• • • ● ● ● ● ● • •

Abbildung 23: Skyline von Rotterdam

• • • ● ● ● ● • •

Menschen sind glücklich, wenn sie etwas Kreatives tun können. Wir werden biologisch belohnt, wenn wir einen Beitrag leisten, der das Leben der Gemeinschaft langfristig verbessert.

Das gilt für alle Formen des Symbolgebrauchs. Ob wir Bücher schreiben, Bilder malen, Filme drehen, forschen, lehren oder komponieren.

Wenn der Mensch etwas tut, was seiner ökologischen Nische entspricht, fühlt er sich gut und glücklich. Er wird dafür, wie gesagt, biologisch belohnt.

Wenn also die ultimative Ressource des Reptils seine physische Kraft ist und mit dieser Kraft die Beherrschung des Raumes, dann ist die ultimative Ressource des Säugetiers seine Bindungsfähigkeit.

Dank dieser Bindungsfähigkeit ist die Ressource des Säugetiers die Beherrschung der Zeit (obwohl es, wie alle Säugetiere, natürlich auch den Raum nutzt und heute dominiert).

Bei den Reptilien überlebt das stärkste Reptil. Unter den Menschen überlebt, zumindest langfristig, der kooperative Mensch. Menschen haben als Spezies überlebt, weil sie in der Lage waren, auch Behinderten eine lebenslange Überlebenschance zu geben. Sie konnten hochkomplexe Gehirne zum Wohle aller "nutzen", ohne dass der Körper fit sein musste.

Dies ist kein Buch über Anthropologie, aber die meisten Kulturen der Welt haben die "Alten" respektiert und sind oft ihren Anweisungen gefolgt.

Indem die fitten Jungen die nicht mehr so fitten Alten ernährten, konnten sie die im Laufe eines Menschenlebens gesammelten Erfahrungen nutzen, was für das Überleben aller von Vorteil war.

Unser ANS ist für die Verwirklichung dieser Ressource konstruiert. Es funktioniert nur dann gut, wenn es so arbeiten darf, dass wir uns engagieren können und damit die Chance haben, die Ressource Zeit zu nutzen.

• • • ● ● • ● ● • •

Dissolution

Am Beispiel der Gazellenjagd, die in Kapitel 3 dargestellt wurde, konnte gezeigt werden, dass das Nervensystem der Gazellen in einer bestimmten Reihenfolge aktiviert wird.

Zuerst wurde das sympathische Nervensystem (SNS) unter dem Einfluss eines auftauchenden Stressors dominant, dann der dorsale Vagus (DVC), der die Erstarrung (Freeze) ermöglichte, und schließlich der ventrale Vagus (VVC), der die vollständige Umschaltung auf Ruhe, Nahrungsaufnahme und Erholung ermöglichte.

Porges beobachtete, dass es eine bestimmte Reihenfolge gibt, in der die verschiedenen Komponenten des autonomen Nervensystems bei Gefahr in ihrem Einfluss reduziert werden.

Diese Reihenfolge ist umgekehrt zu der, in der sie evolutionär entstanden sind.

Um seine Beobachtungen beschreiben zu können, benutzte er den Begriff der "Dissolution".

• • • ● • ● • • •

Der Begriff "Dissolution" stammt von dem Philosophen Herbert Spencer (1820-1903). Spencer formulierte, dass es eine Gegenkraft zur Evolution gibt und diese Gegenkraft nannte er Dissolution.[12]

Evolution ist ein Aufwärtstrend, eine Integration von Homogenität in Heterogenität. Im Prozess der Evolution kommt es zu einer immer stärkeren Differenzierung.

Aber, so Spencer, ab einem bestimmten Punkt bricht die Differenzierung wieder zusammen. Die Differenzierung (Heterogenität) wird zugunsten der Homogenität wieder aufgegeben. Es kommt zu einer ständigen Bewegung zwischen Evolution und Dissolution, so wie bei Ebbe und Flut.

Dieser Gedanke Spencers wurde vom Vater der englischen Neurologie, dem Wissenschaftler John Hughlings Jackson (1835-1911), auf die Neurologie übertragen.

Jackson entwickelte die "Ausfallshypothese", um Veränderungen der Hirnfunktion infolge von Verletzungen und Erkrankungen zu beschreiben. Er wollte erklären, warum tiefere Hirnzentren primitivere Lösungen übernehmen, wenn höhere Zentren wie der Neokortex des menschlichen Gehirns verletzt werden oder erkranken.

Jackson postulierte: Es gibt höhere und tiefere Gehirnzentren, und wenn die höheren Gehirnzentren ausfallen, greift das Gehirn mit Hilfe der tieferen Gehirnzentren auf primitivere Formen der Daseinsbewältigung zurück. Die evolutionär neueren Gehirnzentren hemmen die evolutionär älteren.

Wenn die neueren Hirnzentren die älteren nicht mehr hemmen können, weil sie ausgeschaltet sind, dann "überschwappt" gewissermaßen die Reaktion der älteren Hirnzentren.

Das ist eine Erkenntnis, der die meisten Neurowissenschaftler heute zustimmen würden. Wir haben evolutionär ältere und evolutionär jüngere Gehirnzentren, der (evolutionär jüngere) präfrontale Cortex hemmt die tieferen Zentren, die dem limbischen System zugerechnet werden.

Unter Stress fällt die Hemmung des limbischen Systems durch den präfrontalen Cortex weg und das limbische System "übernimmt". So ist es möglich, dass die tieferen Zentren die Arbeit des Gehirns dominieren.

Auch wenn die Interaktion zwischen den verschiedenen Teilen des Gehirns, genauer gesagt zwischen den neuronalen Netzen, wahrscheinlich komplexer ist, als es die Vorstellung einer einfachen Hierarchie zulässt, zweifelt kaum jemand mehr an der Kernaussage.

Ich fasse Jacksons Kerngedanken hier noch einmal zusammen: Es gibt eine Hierarchie, innerhalb derer sich das Nervensystem evolutionär entwickelt hat, und unter Stress kommt es zu einer bestimmten Form der Dissolution. Die neueren Teile des Gehirns lassen in ihrer hemmenden Funktion auf die alten Teile des Gehirns nach, diese werden also überaktiv.

Die höheren Zentren des Nervensystems hemmen (oder kontrollieren) die tieferen und folglich steigt die Aktivität in den tieferen Zentren an, wenn die höheren Zentren plötzlich funktionslos werden.[13]

Stephen W. Porges hat Jacksons Grundgedanken für sein Modell des autonomen Nervensystems übernommen.

Nicht nur die Gehirnzentren haben sich in einer bestimmten Reihenfolge entwickelt, sondern auch die adaptiven (überlebenssichernden) Reaktionen des autonomen Nervensystems auf Bedrohungen. Sie werden von neu nach alt abgeschaltet und dann von alt nach neu reaktiviert. Sie bilden also eine Hierarchie.

Daher nutzt die Polyvagaltheorie ein ähnliches im phylogenetischen Sinne organisiertes hierarchisches Modell zur Beschreibung der Sequenz der autonomen Reaktionen als Strategien der Bewältigung von Gefahren.[14]

Wenn also die Homöostase zugunsten der Bewältigung von Herausforderungen verlassen wird, geschieht dies in einer bestimmten Reihenfolge, die durch die Abfolge bestimmt wird, in der die Komponenten im Laufe der Evolution entstanden sind.

• • • • ● • ● • • •

Die Beziehung der drei ANS-Komponenten untereinander

Genau wie Jackson es für die Gehirnzentren formuliert hat, reagiert auch das Nervensystem. Die evolutionär neueren Komponenten hemmen die älteren, und wenn diese Hemmung wegfällt, übernimmt ein evolutionär älterer Teil. Da dieses Zitat so wichtig ist, zitiere ich zuerst das englische Original und dann meine Übersetzung.

The dorsal vagal system suppresses the sympathetic system, especially the social engagement system, just as the sympathetic system inhibits the social engagement system, and the social engagement system has the capacity to down-regulate the sympathetic system.[15]

Das dorsale Vagus-System unterdrückt das sympathische System, vor allem aber das soziale System. Genauso, wie das sympathische System in der Lage ist, das Social Engagement System (hier: das soziale System, Anm. d. Autorin) zu hemmen. Und das soziale System wiederum hat die Fähigkeit, das sympathische System herunter zu regulieren.[16]

Dies ist ein sehr kurzer Satz mit sehr weitreichenden Konsequenzen für unser Leben.

Zur Veranschaulichung des Gesagten verweise ich auf die Abbildung 6, in der die Beziehungen zwischen den verschiedenen Systemen bereits dargestellt wurden.

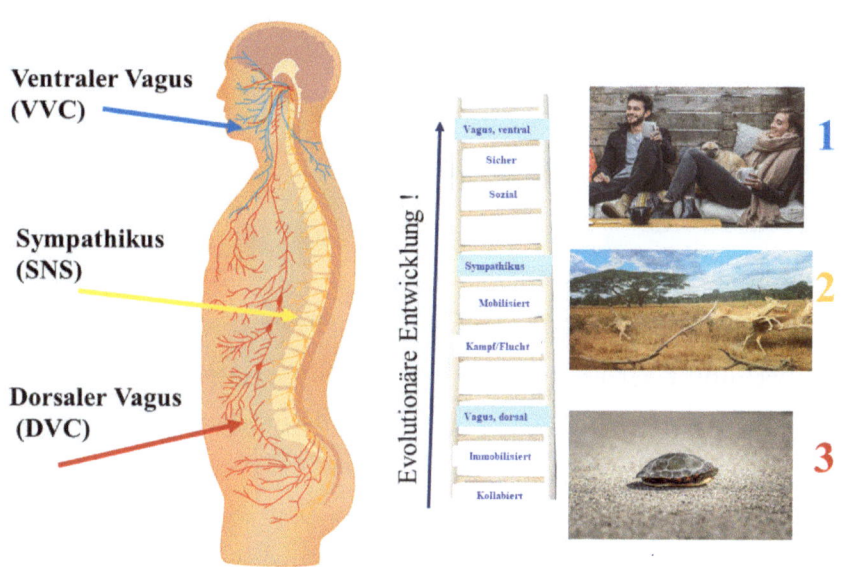

Abbildung 24: Das ANS hat sich in einer bestimmten Reihenfolge evolutionär entwickelt.

• • • ● • ● • • •

Das soziale System (VVC) hat einen hemmenden Einfluss auf den Sympathikus (SNS). Solange dieser hemmende Einfluss ausgeübt wird, kann man von einem gut regulierten Menschen sprechen.

Er lebt im homöostatischen Sollwert, der vom Parasympathikus dominiert wird. VVC und DVC, also der ventrale Vagus und der dorsale Vagus, arbeiten zusammen, um ein menschliches kooperatives Miteinander sowie Ruhe und Erholung zu gewährleisten.

Der Sympathikus ist aktiv, aber seine Aktivität ist auf ein gesundes Maß reduziert.

Der jeweils aktualisierte Zustand des ANS in Reaktion auf ein Gefahrensignal ist so, wie es die Ausfall-Hypothese von Jackson vorhersagen würde.

Die Fähigkeit des sozialen Systems (VVC), das sympathische System (SNS) ausreichend zu regulieren (zu hemmen), lässt sofort nach. Und nun übernimmt der nächstältere Teil, das SNS, und wird überaktiv. Dies ist als kurzfristige Lösung geeignet, nicht aber als langfristiger, chronischer Zustand.

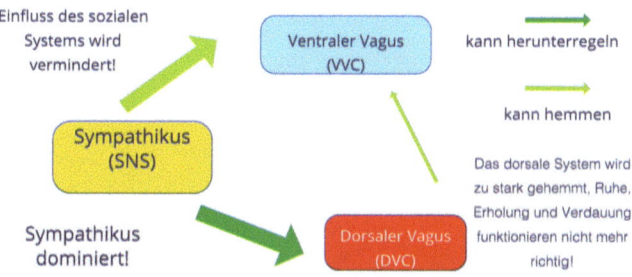

Abbildung 25: Ein Signal oder eine Gruppe von Signalen für "Gefahr" wird erkannt und der Organismus muss reagieren. Der Sympathikus wird überaktiv.

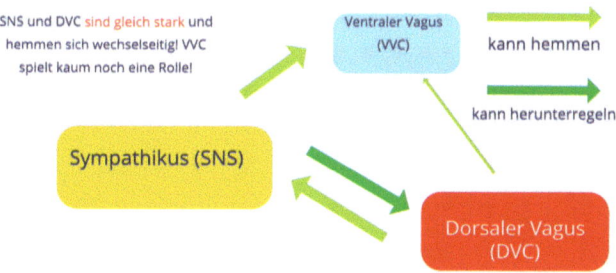

Abbildung 26: Der Freeze-Zustand ist durch die gleichzeitige Aktivierung von SNS und DVC gekennzeichnet.

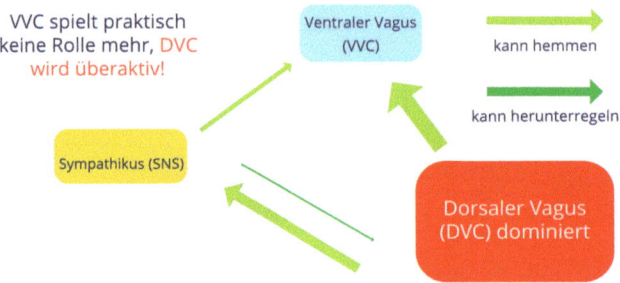

Abbildung 27: Faint: Erschlaffen, Ohnmacht

• • • ● ● • ● • • •

Wenn aber keine Fluchtmöglichkeit mehr besteht, wird der dorsale Vagus überaktiv und es kommt zu dem, was Stephen W. Porges in Abgrenzung zu Peter Levine "Faint" nennt.

• • ● ● • ● • • •

Gesundheit ist Flexibilität

Aus evolutionären Gründen ist es nicht möglich, dem DVC bewusst mitzuteilen, dass er seinen Einfluss jetzt bitte aufgeben soll, weil die Gefahr vorbei ist. Das soziale System (VVC) hat keinen direkten Einfluss auf den DVC.

Dies ist der Grund, warum die meisten kognitiven Therapien bei Traumatisierung scheitern.

Die drei Komponenten wurden unter Stress in der umgekehrten Reihenfolge deaktiviert, in der sie evolutionär entstanden sind. Nun müssen sie wieder in der evolutionären Reihenfolge aktiviert werden.

Zuerst muss also das SNS wieder "stärker" werden, dann das VVC.

Das bedeutet, dass wir Menschen nach einem massiven Trauma aus biologischen Gründen nicht sofort sozial sein können.

Wir brauchen eine Rückkehr über das sympathische Nervensystem (SNS). Das kann bedeuten, dass Angst oder Ärger und Wut erst erlebt und verarbeitet werden müssen, bevor das soziale System wieder in Gang kommen kann. Natürlich müssen diese beim Menschen nicht vollständig ausgedrückt werden, gemeint ist hier, dass die Energie entsprechend verarbeitet werden muss.

Da aber der Einfluss des eigenen VVC nur noch sehr gering ist, bedarf es einer heilenden Bindung an einen gesunden ventralen Vagus, einer sogenannten sicheren Bindung, um einen Menschen aus einem Zustand der dorsalen Überaktivität mit allen entsprechenden

Symptomen herauszuführen. In gewisser Hinsicht müssen wir uns einen ventralen Vagus (VVC) "ausleihen", wenn der eigene ventrale Vagus nicht mehr aktiv werden kann.

Die Überaktivierung des parasympathischen Systems (des dorsalen Vagus, DVC) kann also, wenn sie sehr ausgeprägt ist, nur durch Intervention von außen gestoppt werden.

Diese Verbindung ist im besten Fall die zu einer realen, lebenden Person.

Was aber, wenn eine reale Beziehung zu einer realen Person - und sei sie noch so wohlwollend oder noch so gesund - in einem bestimmten Moment zu angstbesetzt ist?

Porges hat vor allem in Vorträgen immer wieder darauf hingewiesen, dass andere Säugetiere die regulierende Funktion des Menschen übernehmen können, wenn der Kontakt zu anderen Menschen zu angstbesetzt ist.

Dies haben auch viele therapeutische Richtungen erkannt, die den Kontakt mit der Natur oder mit anderen Säugetieren gezielt zur Heilung psychischer Probleme einsetzen.

Auch Meditationen, Videos oder Audios können diese Funktion übernehmen. Vielleicht nicht für immer - das ist biologisch wohl nicht möglich - aber im Sinne einer kurzfristigen Besserung. Es handelt sich dann eher um eine imaginäre als um eine reale Verbindung. Aber es gibt Hinweise aus der Forschung, dass das Gefühl der Verbundenheit für die Heilung entscheidend ist. Eine reale biologische Person muss nicht immer anwesend sein.

Wenn diese Bindung, ob imaginär oder real, lange genug anhält, um die richtigen Signale an das "gestresste" und heruntergefahrene System zu senden, beginnt der Heilungsprozess.

Zuerst wird das sympathische Nervensystem (SNS) aktiver. Die Energie aus diesem System kann dann reinvestiert werden, z.B. in die Stärkung des sozialen Systems (VVC).

In der Praxis könnte das bedeuten, dass man wieder etwas mehr Lebensenergie zur Verfügung hat. Nutzt man diese, um etwas Neues zu lernen, was die Regulation betrifft, wird man in Zukunft in ähnlichen Situationen weniger überfordert sein.

Wenn die Regulierung optimal verläuft, wird das soziale System (VVC) zunehmend stärker und sein Einfluss nimmt wieder zu. Der Körper kann sich wieder besser selbst heilen.

Im besten Fall wird eine neue Homöostase erreicht. Der Mensch geht physisch und psychisch gestärkt aus der Krise hervor.

Dieser Kreislauf kann in Sekunden, Minuten, Tagen, Monaten oder Jahren durchlaufen werden. Es gibt Makro- und Mikrokreisläufe. Es ist wichtig zu wissen, dass wir uns den ganzen Tag in diesen Zyklen befinden.

• • • ● ● ● ● ● • •

Das Modell der Leiter

Deb Dana, eine enge Mitarbeiterin von Stephen W. Porges, entwickelte die Idee, den ständigen (sekündlichen) Wechsel in der Aktivität des ANS als ein Auf und Ab auf einer Leiter zu symbolisieren.

Deb Dana schreibt:

Wir wandern den ganzen Tag auf der Leiter auf und ab.[17]

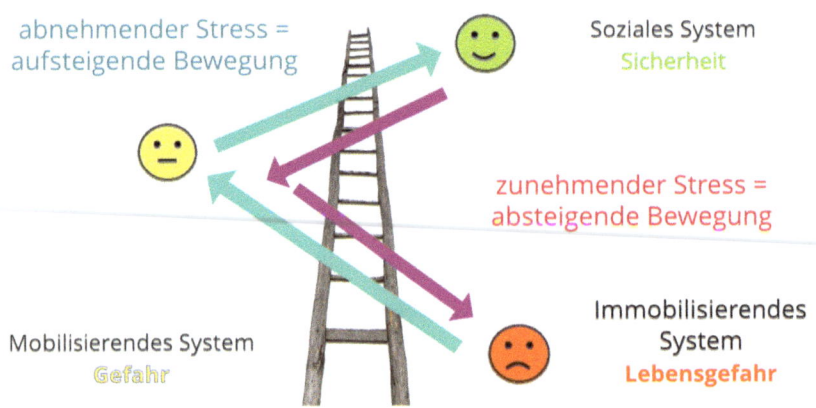

Abbildung 28: Deb Dana symbolisiert den Wechsel der verschiedenen Konfigurationen des ANS als das Auf und Ab auf einer Leiter.

• • • ● • ● • • •

Kein Teil des ANS ist wichtiger als der andere, dies gleich vorweg. Es gibt keinen "guten", "schlechten" oder "veralteten" Teil.

Der Kern ist: Wir wollen, dass im richtigen Moment der richtige Zweig dominant ist und die anderen Zweige sich ihm unterordnen - je nachdem, was die Situation erfordert.

Das ist das Merkmal eines gesunden Nervensystems. Wenn es gut reguliert ist, reagiert es auf eine gegebene Situation mit der richtigen Aktivierung und dem richtigen Aktivierungsgrad des jeweils geeigneten Zweigs.

Aus biologischen Gründen ist es nicht möglich, immer nur im "guten" sozialen System (VVC) zu sein. Die Aktivität des ANS verändert sich in Bruchteilen von Sekunden.

Dabei fließen in die jeweilige Konfiguration, in die ständige Bewegung des ANS, äußere Ereignisse ebenso ein wie die durch den Bewusstseinsstrom hervorgerufenen Erinnerungen, der innere Dialog sowie der aktuelle physiologische Zustand des Körpers (zum Beispiel: Wir sind hungrig oder satt).

Wir verändern uns von Sekunde zu Sekunde, unser ganzes Leben lang.

Das Ziel ist also nicht der statische Verbleib im sozialen System (VVC), sondern die Fähigkeit und Flexibilität, die verschiedenen Zustände wahrzunehmen, darauf zu reagieren und nicht zu lange in einem dieser Zustände zu verbleiben.

Der Sohn von Stephen W. Porges, Seth Porges, hat dies in einem Vortrag als den Unterschied zwischen kranken und gesunden Menschen definiert. Kranke Menschen sind "krank", weil sie in einem der beiden Defensivreaktionen feststecken.

Ein Mensch ist also nicht krank, wenn er eine Abwehrreaktion erlebt. Er ist krank, wenn das autonome Nervensystem einen bestimmten Zweig chronisch aktiviert (z.B. den Sympathikus mit dem ständigen Gefühl, auf Angriff oder Flucht "geschaltet" zu sein) oder wenn es irgendeinen Zweig zur falschen Zeit und im falschen Ausmaß aktiviert.

Die Ursache für dieses "Steckenbleiben" kann eine problematische Neurozeption sein, mehr dazu in Kapitel 6.

Gesunde Menschen sind gesund, weil sie dank eines starken und trainierten sozialen Systems (VVC) flexibel zwischen den verschiedenen Zuständen hin- und herwechseln und schnell wieder in die Homöostase zurückfinden können.

$$\bullet \ \bullet \ \bullet \ \textbf{\Large\bullet} \ \bullet \ \textbf{\Large\bullet} \ \bullet \ \bullet \ \cdot$$

---

1. Clearly, 2013

2. Charles Darwin (1809-1882) war ein Wissenschaftler des 19. Jahrhunderts.

3. Clearly, 2013

4. NachhilfeBiologie, 2012

5. (Übersetzung von Inke Jochims); Porges, 2016

6. Shubin, 2009

7. Shubin, 2009

8. Shubin, 2009

9. Porges, 2020

10. Korzybski, 1921

11. Dawkins, 1996

12. Anchor, 2017

13. Übersetzung von Inke Jochims, John Chitty zitiert Jackson; Chitty, 2009

14. Porges, 2017

15. Levine, et al., 2015

16. (Übersetzung von Inke Jochims); Levine, et al., 2015

17. Dana, 2018

ANATOMISCHE GRUNDLAGEN

Die Neukonzeption des ANS

D ie Gazelle, die ich in Kapitel 3 vorgestellt habe, ist problemlos in der Lage, in jeder Sekunde ihres Daseins das Richtige zu tun und am Ende zur Homöostase zurückzukehren.

Sie interagiert perfekt mit ihren Existenzbedingungen, was ihr das bestmögliche Überleben in diesem Kontext sichert.

Auch wir Menschen denken nicht bewusst darüber nach, ob und wie unser Herz schlägt. Wir können unsere Atmung bewusst regulieren, müssen es aber nicht. Wir verdauen auch nicht bewusst, aber wir tun es.

Die Frage ist nun, welche Vorstellung wir von der Arbeit des ANS haben, dem Teil des Nervensystems, der all das regelt? Ist es eine

Einbahnstraße, in der eine Art dominanter Diktator namens Gehirn dem Rest des Körpers befiehlt, wie er zu reagieren hat?

Ist der Körper, wie Ken Wilber es formuliert, in einer fehlgeleiteten Fantasie eine Art Sack, der uns vom Hals herabbaumelt? Ist der Körper der passiv erleidende und das Gehirn der aktiv gestaltende Teil?

Oder gibt es eine Wechselwirkung, in der das Gehirn keineswegs immer dominiert, schon gar nicht das, was wir "Wille" nennen?

Ist diese Vorstellung von Dominanz und Unterwerfung vielleicht falsch? Ist das Gehirn nicht die Krone der Schöpfung, sind wir Natur oder haben wir Natur?

· · · ● · ● · ● · ● · ·

Vor der Arbeit von Stephen W. Porges und anderen Forschern dachte man so: Wir haben einen kleinen Diktator im Schädel, der Körper hat zu gehorchen und das Herz ist eine seelenlose, mechanisch arbeitende Pumpe in einem viszeralen See. Diese Sichtweise hat unter anderem die Polyvagaltheorie gründlich revidiert.

· · · ● · ● · ● · ·

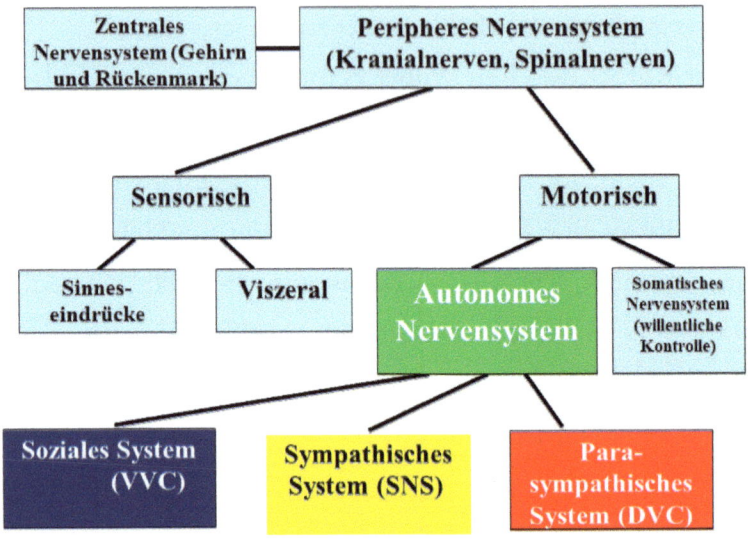

Abbildung 29: Überblick über das Nervensystem.

Das ANS als integriertes System

Das autonome Nervensystem wurde lange Zeit als etwas wahrgenommen, das völlig autonom und unabhängig arbeitet und nichts damit zu tun hat, wie wir uns fühlen, und schon gar nichts mit unseren Bewusstseinszuständen.

Man hielt es für eine Art Reflex, so wie das Knie gestreckt wird, wenn der Arzt mit einem Hammer auf die Patellarsehne unter der Kniescheibe klopft.

Aber das ist falsch.

Das ANS ist beim Menschen wie auch bei der Gazelle mit körperlichen Prozessen verbunden und ist mit unserer Art der Wahrnehmung und unserem Denken verknüpft.[1]

Das ANS reagiert unmittelbar auf alle Ereignisse der Umwelt, sei diese nun eine innere oder eine äußere Umwelt.

Dies bedeutet jedoch nicht, dass alle Prozesse, die vom autonomen Nervensystem reguliert werden, auch der willentlichen Kontrolle zugänglich sind.

Aber das, was faktisch im ANS vor sich geht, beeinflusst unseren Bewusstseinszustand in jedem gegebenen Moment. Es beeinflusst unser Denken und Fühlen.

Wenn wir über das autonome Nervensystem sprechen, sprechen wir nicht über ein unabhängiges, sondern über ein integriertes System.[2]

Es ist ein integriertes System, ein System, das somatische, perzeptive und kognitive Fähigkeiten integriert. Es regelt damit grundlegend die Energiebereitstellung.

> Das ANS geht nicht mit Gefühlen einher, es geht nicht mit einer bestimmten Form des Denkens einher, sondern es ist die Ursache unseres Denkens, Verhaltens und Fühlens.[3]

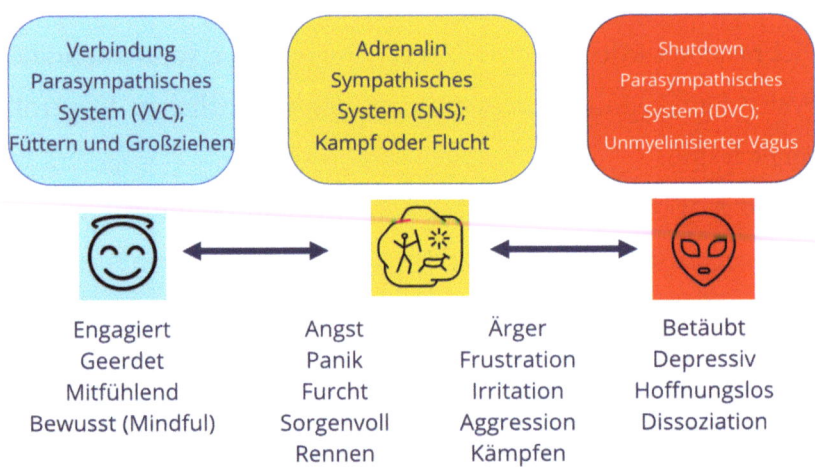

Abbildung 30: Überblick über das Nervensystem.

Levine und Porges beschrieben in einem gemeinsam gehaltenen Workshop das ANS folgendermaßen:

> Was wirklich im Untergeschoss unseres Nervensystems arbeitet, das autonome Nervensystem, beeinflusst faktisch unser Bewusstsein und unsere Gefühle. Wenn man über das autonome Nervensystem spricht, spricht man nicht von einem selbstständig handelnden, unabhängigen System. Es ist ein hoch integriertes System. Es integriert körperliche Reaktionen, Wahrnehmung und Kognition. Es ist ein zentraler Regulator unserer Energiesysteme.[4]

• • • ● • ● • • •

Verlauf der Fasern: Körper und Gehirn

Weiterhin wird das ANS traditionell als ein System gesehen, das vor allem Informationen vom Gehirn zum Körper überträgt. Stephen W. Porges hat auf der Grundlage seiner Forschungen über den Nervus Vagus diese Sichtweise immer wieder kritisiert.

Achtzig Prozent aller Fasern des Vagusnervs, des wichtigsten Nervs des parasympathischen Systems, sind afferent, d.h. sie transportieren Informationen vom Körper zum Gehirn. Nur 20 Prozent (manche

Forscher sagen sogar nur 10 Prozent) aller Fasern leiten Befehle des Gehirns an den Körper weiter.

Auch das sympathische System (SNS) transportiert Informationen vom Körper zum Gehirn und vom Gehirn zum Körper. Hier transportieren etwa 30 Prozent aller Fasern Informationen vom Körper zum Gehirn und etwa 70 Prozent aller Fasern Informationen vom Gehirn zum Körper.[5]

Dieser anatomische Fakt stellt die Sichtweise des ANS als eine Art Reflex, als ein System, das nur auf Befehle des Gehirns reagiert, grundsätzlich in Frage.

• • • ● • ● • • •

Das ANS als integriertes System

Das ANS besteht, wie bereits dargestellt, aus drei Komponenten, wobei eine in der Forschung bisher übersehene Komponente die von Porges als "soziales System" (VVC) bezeichnete ist.

Das autonome Nervensystem ist also erstens ein integriertes System, das auf die Umwelt reagiert und unser Denken und Fühlen in einem gegebenen Moment weitreichend beeinflusst. Andererseits bestimmt der Körper die Arbeit des Gehirns in viel stärkerem Maße, als das Gehirn die Arbeit des Körpers "reguliert".

• • • • ● • ● • • •

Strukturen und Aufgaben des ANS

Das autonome Nervensystem hat drei wichtige Aufgaben. Diese sind:

- Automatisch ablaufende körperliche Funktionen zu ermöglichen.

• • • ● ● • ● • • •

- Die klassischen Stressreaktionen Kampf (Fight), Flucht (Flight) und Schockstarre bzw. Herunterfahren (Freeze/Faint) auszulösen.

- Das soziale System bereitzustellen.

Das ANS hat sowohl unter Stress als auch in Ruhezeiten bestimmte Aufgaben zu erfüllen.

• • • ● ● ● ● ● • •

Die Komponenten des ANS

Das autonome Nervensystem wird traditionell in zwei Zweige untergliedert, in den Para und den Sympathikus.

Die Einteilung des autonomen Nervensystems in Parasympathikus und Sympathikus geht auf John Newport Langley (1852–1925) zurück. Langley war ein britischer Physiologe und Histologe. 1898 führte er den Begriff "vegetatives Nervensystem" ein.

Dieser Begriff wird nach wie vor verwendet, aber heute wird dieses System auch als "Autonomes Nervensystem" bezeichnet.[6]

gehören zum autonomen Nervensystem:

- das sympathische System (SNS)

- das parasympathische System (VVC und DVC)

- das enterische Nervensystem (Darmnervensystem, wird in diesem Buch nicht behandelt).

Wie im letzten Kapitel dargelegt, hat sich das ANS im Laufe der Evolution von einem primitiven zu einem sehr elaborierten System entwickelt.

Die primitiven Zweige des Vagus sind nicht myelinisiert und daher nur zu sehr groben Steuerungen fähig, während die elaborierten Fasern des Vagus, die den Säugetieren vorbehalten sind, myelinisiert sind und zu hochkomplexen und sehr schwierigen Aufgaben fähig sind.

Da sich die Zweige des ANS von primitiv zu elaboriert entwickelt haben, sind auch die durch sie vermittelten Fähigkeiten und Verhaltensweisen in einem Spektrum von primitiv zu elaboriert angeordnet.

• • • ● • ● • • •

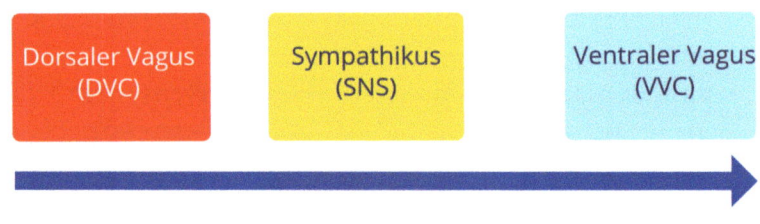

Abbildung 31: Entwicklung des ANS von primitiv zu elaboriert,

• • • **•** • **•** • • •

Die Abstimmung zwischen einem Kontext, für den sich dieses Nervensystem im Laufe der Evolution entwickelt hat, und einer Reaktion dieses Nervensystems funktioniert nicht mehr selbstverständlich. Ohne bewusstes Eingreifen reagieren wir heute in vielen Situationen "falsch".

Wir müssen daher unsere Stressphysiologie und die ihr zugrunde liegenden organischen Strukturen besser verstehen, um zu wissen, welche Art von Stressreaktion wir selbst und unsere Mitmenschen gerade erleben.

Je mehr wir uns dessen bewusst sind, je mehr Aufmerksamkeit wir unserer momentanen Stressreaktion widmen können, desto weniger sind wir ihren Auswirkungen auf uns ausgeliefert und desto schneller können wir sie auch verändern.

Denn wir werden nicht vollständig von der Art der jeweiligen Aktivierung des ANS determiniert. Je bewusster wir uns dieses Prozesses sind, desto mehr Einflussmöglichkeiten haben wir.

$$\cdot \ \bullet \ \bullet \ \bullet \ \textbf{\large ●} \ \bullet \ \textbf{\large ●} \ \bullet \ \bullet \ \cdot$$

Informationsverarbeitung

Stellen Sie sich vor, Sie sitzen gemütlich auf einer Sommerwiese. Plötzlich krabbelt eine kleine, niedliche und völlig harmlose Spinne über Ihren Schoß.

Die Rezeptoren Ihrer Haut ertasten die Beinchen der Spinne und melden die Information in Sekundenbruchteilen an Ihr Gehirn. Dieses Tasten oder Fühlen ist der sensorische Input.

Der Moment, in dem das Nervensystem den Input ("Kribbeln auf der Haut") verarbeitet und entscheidet, was zu tun ist, wird auch Integration genannt.

Darauf folgt der motorische Output. In diesem Fall könnte es sein, dass Sie die kleine Spinne mit der Hand wegwischen, ohne sie zu töten. Sie signalisieren dem Krabbeltier lediglich, dass es auf die Wiese gehört und nicht auf Ihr Knie.

In jeder Sekunde Ihres Daseins, ob Sie wach sind oder schlafen, muss Ihr Gehirn in der Lage sein, sensorischen Input zu empfangen. Es muss in der Lage sein, diesen Input zu verarbeiten, und es muss in der Lage sein, auf diesen Input mit einer angemessenen Handlung zu reagieren.

Die Qualität der Integration und die Qualität des Outputs bestimmen unser Leben in all seinen Aspekten.

• • • ● • ● • • •

Die Nervenfasern des ANS

Trotz der immensen Menge an Informationen, die in jeder Sekunde unseres Daseins verarbeitet werden müssen, nutzt der Körper im Wesentlichen nur zwei anatomische Systeme zur Informationsverarbeitung.

Das Informationssystem des Körpers besteht aus den 12 Hirnnervenpaaren, die aus dem Hirnstamm austreten, und den 31 Nervenpaaren, die aus dem Rückenmark austreten.

Der direkte Weg zwischen Körper und Gehirn, der nicht über das Rückenmark führt, ist der der 12 Hirnnerven. Das parasympathische System besteht aus denselben Nerven, von denen der zehnte Kranialnerv, der Vagus, der wichtigste ist.

Die Kranialnerven heißen so, weil sie direkt aus dem Schädel (Kranium) entspringen. Darüber hinaus entspringen einige Nerven des parasympathischen Systems auch aus dem Kreuzbein (Sacrum).

Hinzu kommen die bereits erwähnten 31 Nervenpaare, die aus dem Rückenmark austreten. Diese werden als Spinalnerven bezeichnet.

• • • ● ● • ● ● • •

Es gibt also 12 Kranialnervenpaare und 31 Spinalnervenpaare. Diese Nervenverbindungen sind der einzige Weg, wie der Körper und das Gehirn miteinander kommunizieren können.

Die verschiedenen Nervenfasern werden nach folgenden Kriterien eingeteilt:

- Richtung

- Aufgabe

- Zugehörigkeit zum jeweiligen Zweig des ANS

- Myelinisierung

- Die Richtung

• • • ● • ● • • •

Hinsichtlich der Richtung unterscheidet man zwischen afferent und efferent.

- Afferent bedeutet: Die Faser leitet etwas zu einem Zielort (beispielsweise zum Gehirn) hin.

- Efferent bedeutet: Die Faser leitet etwas von einem Zielort (beispielsweise vom Rückenmark) weg.

Afferent kommt immer vor efferent. Erst muss etwas hingeschickt werden, um dann weggeschickt werden zu können.

A kommt also vor E.

• • • ● • ● • • •

Die Aufgabe

Die Aufgabe bezieht sich darauf, welche Arten von Informationen weitergeleitet werden. Dementsprechend leiten Nervenfasern folgende Arten von Informationen weiter:

- somatische

- viszerale

- sensorische

- motorische

• • ● • ● • ● • • •

Somatische Fasern

Nervenfasern, die zur Wahrnehmung und Interaktion mit der Umwelt notwendig sind, nennt man somatische Fasern.

Diese Fasern reagieren auf das, was außerhalb unserer Haut vor sich geht. Sie leiten afferent und efferent.

• • ● • ● • ● • • •

Viszerale Fasern

Nervenfasern, die unser Inneres kontrollieren, nennt man viszerale Fasern. Auch diese Fasern transportieren Informationen afferent und efferent.

• • • ● • ● • • •

Sensorische Fasern

Das sind die Fasern, die die Sinneseindrücke weiterleiten. Da sie ausschließlich Informationen zum Gehirn leiten, werden sie auch sensorisch-afferent genannt.

Beim Anblick einer Schlange ist es der visuelle Eindruck, der zum Gehirn geschickt wird.

• • • ● • ● • • •

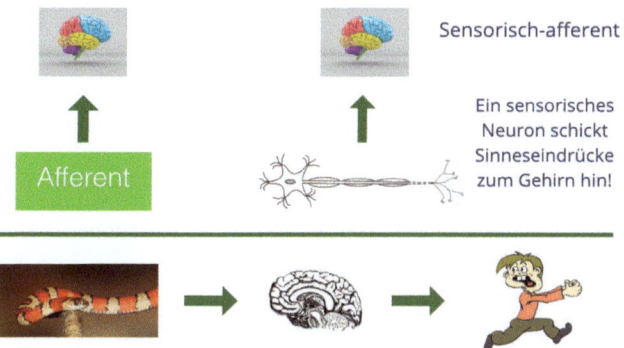

Abbildung 32: Ein sensorisches Neuron sendet eine Information an das Gehirn.

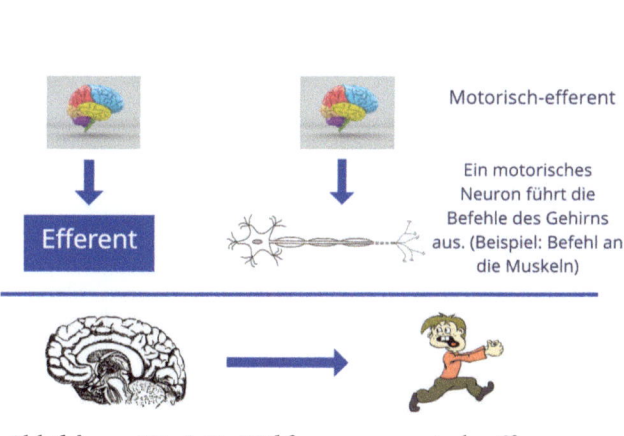

Abbildung 33: Mit Hilfe von motorisch-efferenten Neuronen werden die Befehle des Gehirns ausgeführt.

Motorische Fasern

Die Nervenfasern, die die Befehle des Gehirns umsetzen, werden als motorische Fasern bezeichnet. Motorische Fasern sind stets efferent. Die Information wird also vom Gehirn weg geleitet.

Zugehörigkeit zum Zweig des ANS

Eine weitere Kategorie, nach der Nervenfasern eingeteilt werden können, ist die Zugehörigkeit zu den Zweigen des autonomen Nervensystems. Gehört eine Faser zum Sympathikus (SNS) oder ist es eine Faser des Parasympathikus (VVC und DVC)?

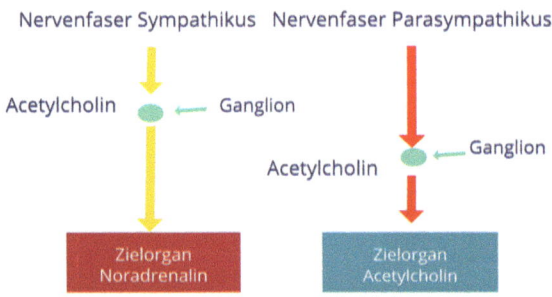

Abbildung 34: Nervenfasern des autonomen Nervensystems.

Beide Nervenfasertypen bestehen aus jeweils zwei Neuronen, die über eine Umschaltstelle miteinander verbunden sind. Diese Umschaltstelle wird Ganglion genannt.

Das erste Neuron entspringt entweder der Wirbelsäule oder dem Schädel. Es zieht durch den Körper, trifft auf seine Umschaltstelle und die Information wird an ein zweites Neuron weitergeleitet.

Das Ende des zweiten Neurons führt sowohl beim Sympathikus als auch beim Parasympathikus zu den Zielorganen, also zu den inneren Organen, Muskeln oder Drüsen, die durch die Information beeinflusst werden sollen.

Ein wichtiger Unterschied zwischen Sympathikus und Parasympathikus ist die unterschiedliche Länge des ersten und zweiten Neurons. Beim Parasympathikus ist das erste Neuron sehr lang, so dass die Umschaltstelle, das Ganglion, sehr weit vom Nervenursprung entfernt ist. Das zweite Neuron, das der Umschaltstelle folgt, ist sehr kurz und liegt sehr nahe am Zielorgan.

Beim Sympathikus ist es genau umgekehrt. Das erste Neuron ist sehr kurz, dann kommt das Ganglion und das zweite Neuron ist sehr lang.

Beide Neuronentypen verwenden den Neurotransmitter Acetylcholin am Ganglion, der Umschaltstelle. Am Zielorgan verwendet der Parasympathikus wieder Acetylcholin, der Sympathikus aber meist Noradrenalin.

Neurotransmitter sind chemische Substanzen, die die Funktion von Botenstoffen haben. Sie übertragen Informationen von einer Nervenzelle zur nächsten.

Der Austausch zwischen Botenstoff und Rezeptor bestimmt, welche Botschaft übermittelt wird, welche ankommt und ob bestimmte Botschaften überhaupt empfangen werden können. Man kann sich das vorstellen wie zwischen der Stimme (Sender) und dem Ohr (Empfänger). Das Ohr muss das Gesprochene hören, das Gehirn muss es verstehen, sonst kommt die Botschaft nicht an.

Eine Zelle kann nur genau die Botschaften empfangen, für die sie die entsprechenden Rezeptoren ausgebildet hat. Botenstoff und Rezeptor müssen genau zusammenpassen. Nur so ist gewährleistet, dass eine Zelle aus dem Meer der sie umgebenden Moleküle dasjenige "herausfischt", das die richtige Botschaft überbringt und ihr sagt, wie sie in einem bestimmten Moment reagieren "soll".

Zudem haben die Fasern des Sympathikus (SNS) und des Parasympathikus (VVC und DVC) häufig eine unterschiedliche Wirkung auf das Zielorgan, je nachdem, ob das Zielorgan oberhalb oder unterhalb des Zwerchfells liegt.

Als Faustregel gilt: Oberhalb des Zwerchfells wirkt der Sympathikus verstärkend, der Parasympathikus hemmend.

• • • ● • ● • • •

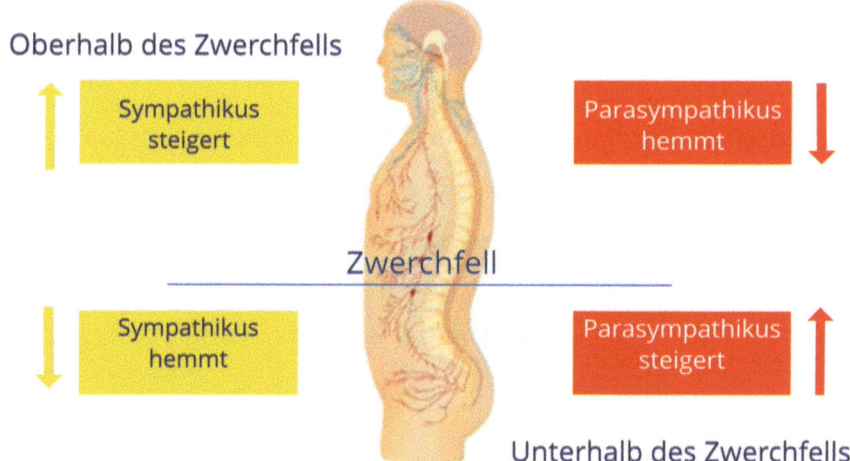

Abbildung 35: Wirkung von Parasympathikus und Sympathikus ober-
und unterhalb des Zwerchfells. Dies ist eine Faustregel.

• • • • • • • • • •

Unterhalb des Zwerchfells steigert das parasympathische System und
das sympathische System hemmt.

• • • • • • • • • •

Myelinisierung

Die Unterscheidung nach dem Grad der Myelinisierung bedeutet: Sind diese Fasern von einer isolierenden Schicht umgeben, die die Leitungsgeschwindigkeit erhöht, oder nicht?

• • • ● • ● • ● • • •

Myelinisierte und nicht-myelinisierte Fasern

"Myelinisiert" bedeutet: Die Axone dieser Nervenzellen sind von weiteren Zellen umhüllt und damit isoliert (wie ein Stromkabel mit einer Gummiisolierung).

Diese Zellen bilden eine Art Fettschicht um die eigentliche Zelle und sorgen so dafür, dass die Nervenzelle Informationen viel schneller weiterleiten kann, als wenn sie nicht isoliert wäre.

Myelinisierte Fasern können ihre Aufgaben auch viel präziser erfüllen als nicht myelinisierte. Sie können sehr fein ziselierte Aufgaben ausführen, während die nicht myelinisierten Fasern eher gröber und unpräziser arbeiten.

• • • ● • ● • ● • • •

Sympathikus und Parasympathikus

Das ANS sorgt für die Verdauung, den Herzschlag, den Atemrhythmus, die Ausscheidung, die Weite (oder Enge) der Pupillen, die sexuelle Erregung, die Steuerung der Hormonausschüttung, den Stoffwechsel, den Schlaf-Wach-Rhythmus und die Reparatur von Gewebe. Es sorgt dafür, dass wir abends einschlafen und morgens wieder aufwachen.

Jede bewusste oder unbewusste Verhaltensweise des Körpers wird durch diese Wechselwirkung der beiden Hauptäste des ANS gesteuert bzw. ermöglicht.

Schon minimale Abweichungen - der Parasympathikus überwiegt in seiner Aktivität oder der Sympathikus überwiegt in seiner Aktivität - führen dazu, dass wir uns grundlegend anders verhalten, andere kognitive Möglichkeiten haben und uns selbst und die Welt um uns herum grundlegend anders erleben.

· · · · ● · ● ● · · ·

Parasympathikus

verengt die Pupillen
fördert die Speichelbildung
verlangsamt den Herzschlag
verengt die Atemwege
fördert die Aktivität des Magens
Leber: hemmt die Freisetzung von
Glukose;
stimuliert die Gallenblase
fördert die Aktivität des Darms

kontrahiert die Blase
fördert die Erektion der Genitalien

Sympathikus

weitet die Pupillen
hemmt die Speichelbildung
steigert den Herzschlag
weitet die Atemwege
hemmt die Aktivität des Magens
Leber: stimuliert die Freisetzung von
Glukose;
hemmt die Gallenblase
hemmt die Aktivität des Darms
Nebenniere: stimuliert Adrenalin und
Noradrenalin
entspannt die Blase
fördert die Ejakulation und die
vaginale Kontraktion

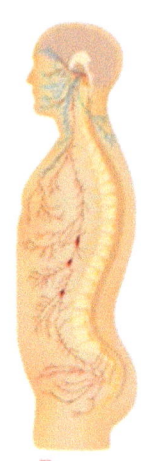

Abbildung 36: Wirkung der ANS-Zweige auf die Zielorgane.

Parasympathikus und Vagus

Der wichtigste Nerv des Parasympathikus ist der Vagus. Der Vagus ist nicht der einzige Nerv des parasympathischen Systems, aber er hat die weitreichendsten Auswirkungen.

Er ist innerhalb des parasympathischen Systems so wichtig, dass man ihn mit dem "Parasympathikus" gleichsetzen kann, auch wenn das eine Vereinfachung ist und anatomisch nicht ganz der Wahrheit entspricht.

Da der Vagus aber der wichtigste Nerv ist und für diesen Zusammenhang entscheidend ist, möchte ich mit der Anatomie dieses X. Hirnnerv beginnen.

• • • ● • ● • ● • •

Die Anatomie des Vagus

Das Wort "Vagus" stammt aus dem Lateinischen und bedeutet "der Wanderer". Der Vagus erhielt diesen Namen, weil er den ganzen Körper durchzieht.

Tatsächlich gibt es nicht nur einen Vagusnerv, sondern zwei, von denen je ein Ast auf jeder Körperseite verläuft. Es sind sehr große Nerven, Tausende von Fasern in jedem der beiden Vagusäste transportieren Informationen. Sie transportieren Informationen von allen wichtigen Drüsen und Organen zum Gehirn und vom Gehirn zu den Organen.

Der Vagusnerv (der Einfachheit halber spreche ich vom "Vagusnerv", obwohl es sich, wie dargestellt, eigentlich um zwei Nervenstränge handelt) sorgt also für eine Zwei-Wege-Kommunikation im Körper.

Der Vagus erreicht praktisch jedes Organ im Brustkorb und jedes Organ im Bauchraum.

Er ist mit jedem Organ verbunden, das für die Verdauung zuständig ist, und mit jedem Organ, das für die Entgiftung zuständig ist. Die einzigen Organe, die nicht vom Vagus beeinflusst werden, sind die Schilddrüse und die Nebennieren.

Der Vagus ist einer der 12 Hirnnerven und entspringt paarig aus dem Hirnstamm. Im Vergleich zu den anderen Hirnnerven weist der Vagus jedoch eine anatomische Besonderheit auf. Die anderen Hirnnerven, die ebenfalls aus dem Hirnstamm entspringen, ziehen nicht durch den ganzen Körper. Sie verbleiben in der Regel im Gesichts- und Halsbereich.

Der X. Schädelnerv, der Vagus, ist der einzige Nerv, der die Schädelhöhle verlässt und Organe außerhalb der Schädelhöhle erreicht. Das macht ihn so besonders. Der Vagus ist der Nerv, der die Verbindung zwischen Körper und Geist gewährleistet. Der Vagus ist der Nerv, der die Körper-Geist-Verbindung gewährleistet.

Als die Wissenschaftler begannen, den Verlauf des Nervus Vagus zu untersuchen, konnten sie zunächst nicht glauben, dass aus jeder Seite des Schädels ein Nerv aus dem Hirnstamm austritt und zu all diesen verschiedenen Organen verläuft. Der Vagus verläuft direkt neben der Halsschlagader und der Halsvene. Diese beiden Blutgefäße befinden sich auf jeder Seite des Halses, genauso wie wir zwei Vagusnerven haben.

Diese beiden Blutgefäße sind die wichtigsten Gefäße für die Gehirnfunktion und die Fähigkeit unseres Nervensystems, seine Aufgabe zu erfüllen. Zusammen mit dem Vagus sind sie von einem schützenden Gewebe umhüllt. Dies zeigt, wie wichtig es für den Körper ist, dass der Vagus richtig funktioniert.

Teile des Vagusnervs erreichen das Ohr und regulieren die Frequenzen, die wir hören können. Andere Fasern erreichen die Kehle und die Stimmbänder, die uns die Kommunikation ermöglichen. Weitere Fasern erreichen den Brustkorb, das Herz, die Lunge und schließlich die Verdauungs- und Entgiftungsorgane.

Interessanterweise erreicht der Vagus nicht die Nebennieren. Es ist also der sympathische Zweig des Nervensystems, der die Nebennieren innerviert.

Der Vagus ist also nicht nur ein Nerv, der an einer Stelle entspringt, sondern er entspringt an zwei Stellen im Hirnstamm. Dies ist eine der Kernaussagen der Polyvagaltheorie.

Einer der beiden Vagusstränge entspringt dem "Nucleus dorsalis motorius". Dies ist der entwicklungsgeschichtlich ältere Strang, er ist nicht myelinisiert. Das ist der Nervenstrang, der als "dorsaler Vagus" bekannt ist und in diesem Buch als "DVC" abgekürzt wird.

Der andere Vagusstrang entspringt einem Kern, der "Nucleus ambiguus" genannt wird. Er verläuft ebenfalls zu Organen im Brustkorb wie Herz und Lunge, vor allem aber zwischen Gehirn und Gesicht, genauer gesagt zwischen Ohren und Kehlkopf. Dieser entwicklungsgeschichtlich jüngere Strang ist myelinisiert.

• • • ● • ● • • •

Wir bezeichnen ihn hier als "VVC".

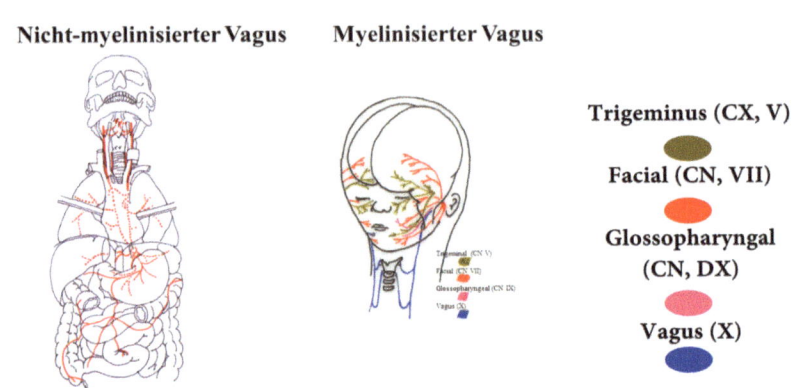

Abbildung 37: Dorsaler Vagus (DVC) und ventraler Vagus (VVC).

Die Aufgaben des Vagus

Die Forschung über den Vagus nimmt weltweit zu. Es stellt sich immer mehr heraus, dass der Vagus so vielfältige Vorgänge im Körper steuert, dass eine genaue Darstellung dieser vielfältigen Aufgaben ein eigenes Buch erfordern würde.

Ich konzentriere mich daher hier auf die Aufgaben des Vagus, die für die Polyvagaltheorie und deren Gedanken wichtig sind.

Der Vagusnerv kann als eine Art Superdatenautobahn zwischen Gehirn und Körper bezeichnet werden, er transportiert Informationen in Höchstgeschwindigkeit hin und her.

Die Aufgabe des parasympathischen Systems, beider Zweige, also sowohl des VVC als auch des DVC, ist die Verlangsamung. Dieses System hemmt, es verlangsamt Prozesse.

Wenn man sich das Größenverhältnis der Nerven des Sympathikus und des Parasympathikus vorstellt, dann ist es wie zwischen dem Daumen (Parasympathikus) und dem kleinen Finger (Sympathikus). In Wirklichkeit sind beide Nervenstränge natürlich viel dünner, aber diese Metapher verdeutlicht das Größenverhältnis.

Der Parasympathikus ist insgesamt viel dicker als der Sympathikus, weil er von mehr Isoliermaterial umgeben ist. (Isolierung bedeutet nicht unbedingt Myelinisierung). Ob und wie ein Nerv isoliert ist, hat großen Einfluss darauf, wie schnell er Informationen weiterleiten kann.

Das sympathische Nervensystem hat eine wichtige Aufgabe, nämlich unser Leben zu retten. Deshalb muss er Informationen über Gefahren sehr schnell an das Gehirn und vom Gehirn an den Körper weiterleiten. Die Koordination zwischen Muskeln und Gehirn muss blitzschnell erfolgen. Deshalb sind die Fasern des sympathischen Nervensystems myelinisiert, was sie viel schneller macht als die Fasern des parasympathischen Nervensystems.[7]

Die beiden Zweige des Parasympathikus, sowohl VVC als auch DVC, haben die gleiche Art von Aufgabenstellung, sie sollen etwas hemmen.

Je nachdem, ob sie myelinisiert sind oder nicht, erfüllen sie diese Aufgabe jedoch auf sehr unterschiedliche Weise.

Wenn ein Nerv myelinisiert ist, kann er seine Aufgabe sehr präzise und fein ziseliert erfüllen.

Die Art und Weise, wie der myelinisierte Vagus (VVC) etwas hemmt, ist eine heilsame. Der nicht myelinisierte DVC hat auch heilende und gesunde Funktionen, aber er hemmt vor allem auf eine Art und Weise, die dem Überleben dient.

Die Funktionen des parasympathischen Systems in Bezug auf die verschiedenen Organe sind wie folgt:

• • • • ● • ● • • •

Pupillen

Unter Einfluss des parasympathischen Systems ziehen sich die Pupillen zusammen. Der Grund dafür ist, dass man während der Zeit von Ruheprozessen nicht mehr so viel Licht sehen möchte, um sich entspannen zu können.

In den Augen hilft der Vagus, Tränen und Tränenflüssigkeit auszuschütten.

• • • ● ● • ● • • •

Zunge

In der Zunge kontrolliert der Vagus den Geschmack und die Speichelabsonderung.[8]

• • • ● ● • ● ● • • •

Herz

Im Herz vermindert der Vagus den Blutdruck und kontrolliert die Herzrate. Die Herzrate sinkt, die Schlagkraft des Herzens nimmt ab, das umgepumpte Blutvolumen ebenfalls. Das reduziert die Belastung des Herzens in Ruhezeiten.[9]

• • • ● ● • ● ● • • •

Lunge

Die Bronchien ziehen sich zusammen, denn das vermindert die Gefahr von Infektionen. So kann sich auch das Atemvolumen vermindern und man beginnt, langsamer zu atmen.[10]

• • • ● ● • ● ● • • •

Darm

Im Verdauungstrakt steigert der Vagus-Nerv die Ausschüttung von Verdauungssäften und die Darmbewegungen.

Weil der Vagus wichtig dafür ist, die Darmbewegungen zu steigern, bedeutet eine verminderte Aktivität des Darms eine Erhöhung des IB-Syndroms (Irritable Bowel Syndrome, Reizdarmsyndrom), weil diese Erkrankung das Resultat verminderter Darmbewegungen ist.[11]

Magen

Eine Stimulation des Vagus-Nervs steigert die Ausschüttung von Histamin in den Magenzellen, die Magensäure produzieren.[12]

Wenn Menschen also zu wenig Magensäure haben, ist dies häufig ein Problem von zu wenig Vagus-Aktivität. Der Vagus-Nerv ist auch für das Maß zuständig, in dem wir Vitamin B12 absorbieren können. Überdies beeinflusst er die Weiterleitung des Speisebreis vom Magen in den Darm.[13]

Leber und Bauchspeicheldrüse

In der Leber sorgt der Vagus dafür, dass die Glykogenvorräte aufgebaut werden. Da der Vagus darüber hinaus die Insulinausschüttung der Bauchspeicheldrüse (Pankreas) kontrolliert, kontrolliert er folglich auch den Blutzuckerspiegel.[14]

• • • ● ● • ● ● • • •

Milz

In allen Zielorganen vermindert der Vagus Entzündungen (durch die Ausschüttung von Acetylcholin), aber in der Milz ist dieser Einfluss besonders deutlich.[15]

Die Milz ist ein für das Immunsystem wichtiges Organ, das Entzündungen hervorrufen kann. Auf die Milz wirkt der Vagus beruhigend, er vermindert das Entzündungsrisiko im Körper und somit die Krankheitsanfälligkeit.[16]

• • • ● • ● • • •

Niere und Blase

Der Vagus fördert die Arbeit der Niere, die Leistungsfähigkeit erhöht sich, es können mehr Schadstoffe aus dem Blut herausgefiltert werden.

In der Blase allerdings sorgt der Vagus dafür, dass Urin zurückgehalten wird, eine zu geringe Vagus-Stimulation kann dazu führen, dass man zu häufig urinieren muss.[17]

•　•　•　●　•　●　•　•　•　•

Schweiß

Da während Ruhezeiten kein Kühlsystem gebraucht wird, vermindert sich das Maß an absonderung während erhöhter parasympathischer Aktivität.[18]

•　•　•　●　•　●　•　•　•　•

Sympathikus

Das sympathische Nervensystem hat sich als mobilisierendes, Energie bereitstellendes System entwickelt. Das Ziel der Aktivierung des Sympathikus ist es, dass der Körper auf ein höheres Energieniveau gehoben wird.

Das Ziel der Aktivierung dieses Faserstrangs ist Mobilisierung.

Das muss geschehen, damit wir jede Form von energieintensiver, körperlicher Tätigkeit ausführen können.

Die Aufgaben des sympathischen Systems (SNS) sind die drei englischen "E": "Emergency" also Kampf, Flucht, Entkommen, "Excitement", also Aufregung (positiv wie negativ) und Spaß, sowie "Excercise", Sport (und aggressiv motiviert eben "Kampf").

Alle Wirkungen des sympathischen Systems auf die Zielorgane lassen sich mit der mobilisierenden Funktion dieses Systems erklären.

Hier die Aufgaben des Sympathikus in Bezug auf die einzelnen Organe.

Pupillen

Wenn man kämpfen oder flüchten muss, ist es wichtig, viel zu sehen. Daher weiten sich unter dem Einfluss des sympathischen Systems die Pupillen. So wird mehr Licht in das Auge hineingelassen und man sieht besser.[19]

• • • ● • ● • • •

Skelettmuskulatur

Der Sympathikus sorgt, wenn aktiviert, für eine Umverteilung des Blutes durch die Verengung von Gefäßen.

Das Blut wird von der Haut und dem Verdauungssystem abgezogen und zur Skelettmuskulatur transportiert, diese wird dadurch besser durchblutet. Der Muskeltonus erhöht sich.[20]

• • ● ● • ● • • •

Blutdruck

Der Blutdruck steigt, denn ein hoher Blutdruck ermöglicht es, mehr Blut durch den Körper zu bringen, dadurch werden die Skelettmuskeln besser mit Sauerstoff versorgt.[21]

• • • ● • ● • ● • • •

Herz

Da die Skelettmuskeln mehr Sauerstoff brauchen, also mehr Blut umgepumpt werden muss, wird die Herzleistung gesteigert.

Das Herz schlägt durch den Einfluss des SNS erstens schneller, zweitens nimmt die Schlagkraft des Herzens zu. In Kombination mit weiteren Veränderungen führt dies zu einem erhöhten Herzzeitvolumen.

Das "Herzzeitvolumen" bezeichnet die Menge des pro Minute umgepumpten Blutes.[22]

• • • ● • ● • • • •

Lunge

Bei allen Formen der aktiven muskulären Energieausgabe möchten wir genügend Luft bekommen, um die Muskeln mit dem jetzt dringend benötigten Mehr an Sauerstoff versorgen zu können.

Aus dem Nebennierenmark wird während einer Sympathikus-Aktivierung mittels der HPA-Achse das Hormon Adrenalin freigesetzt. Adrenalin wird über den Blutstrom zur Lunge transportiert. Die Bronchien weiten sich.

Es kommt zu einer verbesserten Aufnahme von Luft, damit steigen die Atemfrequenz und das Atemzugvolumen. Die Muskeln werden vermehrt mit Sauerstoff versorgt, sodass sie ihre Arbeit auch erfüllen können.[23]

• • • • ● • ● • • •

Leber

Unter dem Einfluss des SNS und in Kombination mit Adrenalin werden in der Leber die als Glykogen gespeicherten Zucker zu Glukose abgebaut und ins Blut entlassen. Auf diesem Wege wird die verfügbare Energie erhöht. Daher steigt unter einer Sympathikus-Aktivierung der Blutzuckerspiegel.[24]

Niere

Der Grund, warum das sympathische System (SNS) für eine Reduktion des Urinvolumens sorgt, ist der folgende: Die Menge an Wasser, die der Körper zur Verfügung hat, wird konserviert und sogar aus dem Urin rückresorbiert, denn in einer akuten Mobilisierungssituation wird unter Umständen das Wasser gebraucht, um das Blutvolumen zu erhalten.

Ein wichtiges Ziel des Körpers während einer Kampf- oder Fluchtsituation ist es erstens, dass der Blutdruck erhalten bleibt, denn das ist die Voraussetzung, um effektiv rennen oder kämpfen zu können. Zweitens bleibt mehr Blut für die Skelettmuskulatur übrig, wenn sich die Nierenarterie zusammenzieht und damit die Nieren schlechter durchblutet werden.

Folglich sinkt bei Stress auch die Leistungsfähigkeit der Nieren, es werden weniger Schadstoffe aus dem Blut herausgefiltert.[25]

• • ● ●• • ● • • •

Verdauungstrakt

Während einer Energieausgabesituation soll so viel Blut wie möglich für Lungen, Herz und Muskeln verwendet werden. Es soll so wenig Blut wie irgend möglich in den Darm wandern, denn dieser kann ein sehr großes Blutvolumen aufnehmen.

Folglich ziehen sich die Arterien, die zum Darm verlaufen, zusammen. Im Verdauungstrakt entfaltet der Sympathikus seine hemmende Wirkung.

Während einer sympathischen Stimulation braucht man so wenig Verdauung wie möglich. Daher verschließt sich der Magenpförtner – das ist der Muskel, der den schubweisen Übergang der Speisen vom Magen in den Dünndarm ermöglicht.

Wenn dieser Muskel wegen konstanten Stresses verschlossen bleibt, verbleibt die Nahrung sehr viel länger als üblich im Magen und beginnt unter Umständen zu gären. So kann es zu Blähungen und Völlegefühl kommen.[26]

• • • • ● • ● • • •

Haut

Die Haut kann relativ lange mit wenig Durchblutung auskommen, daher wird bei einer sympathischen Stimulierung die Durchblutung der Haut gesenkt. Das hat zwei Vorteile:

Erstens steht mehr Blut für die schon genannten Organe zur Verfügung. Zweitens reduziert das den Blutverlust bei Verletzungen.

Die Umverteilung des Blutes erfolgt unter dem Einfluss des Sympathikus durch die Verengung von Gefäßen. Das ist der Grund, warum sich Finger und Zehen kalt und kribbelig anfühlen, wenn Menschen chronisch unter einer Aktivierung des Sympathikus leiden.

Die Strategie ist brillant. Wir verlieren bei Verletzungen weniger Blut an der Oberfläche und haben gleichzeitig mehr für die großen Muskeln zur Verfügung.

Aus diesem Grunde sind Menschen, die unter starkem sympathikusmotivierten Stress stehen, häufig auch sehr blass und werden gefragt, ob sie gerade einen Geist gesehen hätten.[27]

• • • ● ● ● ● ● • •

Schweiß

Sympathikus-Stimulierung steigert die Menge an Schweiß. Das kennen wir alle: In einer angespannten Situation hat man plötzlich mehr Schweiß unter den Achseln oder verschwitzte Hände. Dieser Schweiß ist kalt.

Warum ist dieser Schweiß kalt? Die Oberfläche des Körpers ist kalt, weil der Blutzufluss zur Haut ja gehemmt wurde. Die Menschen haben sich ursprünglich in den Tropen entwickelt. In den Tropen haben wir eine Durchschnittstemperatur von 35 Grad und unsere Körpertemperatur ist dieser Umgebung angepasst. Der Körper heizt sich auf, wenn er rennt oder kämpft und braucht daher, besonders wenn es draußen zusätzlich noch heiß ist, ein Kühlsystem.

Denn wenn die Körpertemperatur ansteigt, vermindert sich die Aktivität vieler Enzyme, die zur Bereitstellung von Energie gebraucht werden, massiv. Wenn also kein Kühlsystem vorhanden wäre, könnte der Körper nicht mehr genügend Energie produzieren.[28]

• • • ● • ● • • •

Blase

Unter dem Einfluss des Sympathikus wird der in der Blase noch verfügbare Urin ausgeschieden, möglicherweise hat das die Funktion, durch den Geruch Verfolger abzuschrecken.

Zumindest ist weniger Gewicht zu transportieren, wenn man schnell laufen muss. Heute sagen wir, dass jemand mit zu hohem Sympathikus-Tonus eine "Reizblase" hat.[29]

• • • ● ● • ● ● • •

Die Biologie der Defensivreaktionen

In diesem Kapitel stelle ich die physiologischen Grundlagen der beiden Defensivstrategien des SNS und des DVC dar.

• • • ● • ● • • •

SNS: Fight (Kampf), Flight (Flucht)

Solange der Körper noch Handlungsmöglichkeiten sieht, wählt er die Option Energieausgabe, also Handeln.

In diesem Falle laufen zwei Reaktionen ab, eine neuronale und eine hormonelle. Gemeinsam haben diese Reaktionen das schon genannte Ziel, den Organismus so schnell wie möglich aus der Gefahrenzone herauszubringen.

Alle Maßnahmen, die dieses System ergreift, dienen genau diesem Ziel: die gesamte Energie für das Entkommen (oder den Kampf) bereitzustellen.

• • • ● • ● • • •

Erreicht ein potenziell bedrohlicher oder gefährlicher Stimulus den Mandelkern (Amygdala), das Kontrollzentrum für das emotionale Überleben, geschieht Folgendes:

- Der zentrale Bereich des Mandelkerns sendet Signale an den Hypothalamus, wodurch sowohl die HPA-Achse (hormonell) als auch das SNS (neuronal) aktiviert werden.

- Beide Stress-Systeme zusammen stimulieren die unmittelbare Freisetzung von Adrenalin und Cortisol aus den Nebennieren sowie eine Umverteilung des Blutes im gesamten Organismus.

- Durch die Freisetzung von Adrenalin wird die Herzfrequenz beschleunigt, der Blutdruck steigt an.

- Dadurch wiederum werden der Muskeltonus und die Intensität der Muskelkontraktion gesteigert, was uns in bestimmten Situationen zu erstaunlichen muskulären und körperlichen Leistungen befähigt. Wir können schneller rennen, mehr heben, länger kämpfen. Auch der Atem wird schneller, sodass mehr Sauerstoff die nun strapazierten Muskeln erreicht.

• • • • ● • ● • • •

- Die Freisetzung von Cortisol hemmt das Immunsystem und beugt so Entzündungen vor. Die freigesetzten Hormone Adrenalin und Cortisol blockieren auch das Arbeitsgedächtnis im Hippocampus zugunsten einer Aktivierung des reaktiven Gedächtnisses. (Dort ist gespeichert, was man das letzte Mal in einer solchen Situation getan hat, um zu überleben. Tatsächlich führen chronisch hohe Cortisol-Konzentrationen in Folge von anhaltendem traumatischen Stress zu Schäden am Hippocampus, dem Sitz des Kurzzeitgedächtnisses.)

- Blut wird vom Verdauungssystem abgezogen und verstärkt zu Herz, Lungen und Muskeln transportiert, um ein Kampf- oder Fluchtverhalten zu ermöglichen.

- Auch im Gehirn wird das Blut umverteilt, wodurch die Denkzentren in den Stirnlappen schwächer und die Überlebenszentren im limbischen System und im Hirnstamm stärker durchblutet werden. Deshalb sind die Exekutivfunktionen und analytisches Denken bei Kampf- oder Fluchtreaktionen unter Umständen völlig ausgeschaltet. Das ist die physiologische Grundlage für das Ausschalten der Stirnlappenaktivität.[30]

• • • • • • • • • •

Dieses System ist nicht nur für einen Kampf oder eine Flucht notwendig. Auch gesunder Sport in friedlichen Zeiten wird nur mithilfe einer Dominanz des Sympathikus möglich.

Für alle Aufgaben, die körperliche Bewegung beinhalten, muss das sympathische System ein wenig stärker aktiviert werden, je nach Aufgabe mehr oder weniger.

Wenn wir aus irgendeinem Grund mit einem Rucksack auf dem Rücken rennen müssen, so wie beispielsweise Soldaten, muss der Sympathikus sehr stark aktiviert werden. Er wird also situationsangemessen aktiviert, je nach Umgebung, je nach Art und Ausmaß der Gefahrensignale und je nach Situation, in der wir uns befinden.

• • • ● • ● • • •

Die HPA-Achse

HPA ist die Abkürzung für die englischen Begriffe Hypothalamic Pituitary Adrenal. Die deutsche Übersetzung lautet: Hypothalamus-Hypophyse-Nebenniere (HHN).

Während die schon besprochene Sympathikus-Aktivierung vor allem neuronal verläuft, liefert die HPA-Achse eine Unterstützung auf hormoneller Ebene, um die Effekte der Sympathikus-Aktivierung zu unterstützen. Sie ist es, die für die Ausschüttung von Adrenalin und Cortisol sorgt.

Der Hypothalamus ist eine Struktur, die knapp oberhalb des Hirnstamms sitzt und die Ausschüttung von Hormonen seitens der Hypophyse kontrolliert.

Die Hypophyse sitzt direkt unter dem Hypothalamus. Sie ist für die Ausschüttung zahlreicher Hormone in den Blutstrom zuständig, nicht nur für die Stresshormone. Im Falle der HPA-Achse reisen diese Hormone mit dem Blutstrom zu den Nebennieren, genauer gesagt zum Nebennierenmark und stimulieren die Ausschüttung von Adrenalin und Cortisol.

• • • ● • ● • • •

Die Aktivierung der HPA-Achse verläuft in drei Schritten.

Der erste Schritt ist, dass der Hypothalamus das Hormon CRH (Corticotropin Releasing Hormone) in die Hypophyse entlässt. Dieses veranlasst die Hypophyse, ein Hormon namens Adrenocorticotropic Hormone (ACTH) auszuschütten.

Der zweite Schritt ist, dass das ACTH zur Nebenniere wandert, wo es in einem dritten Schritt für die Ausschüttung von Adrenalin und Cortisol sorgt.

Cortisol hat eine Reihe von Wirkungen, die alle dem Körper helfen, genügend Energie für die Bewältigung einer Mobilisierungssituation bereitzustellen.

Es hat außerdem über einen Rückkopplungsprozess die Aufgabe, nach Beendigung einer Mobilisierungssituation die Aktivierung der HPA-Achse zu stoppen.

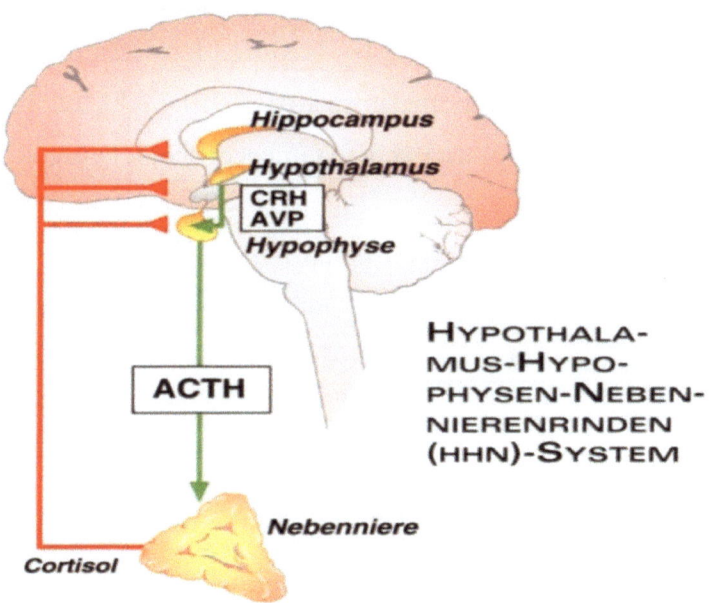

Abbildung 38: Die HPA-Achse (deutsch: HHN-Achse).

Wenn sich Cortisol an Rezeptoren im Hippocampus bindet, wird der Hypothalamus informiert, die Hypophyse und die Nebenniere zu einer Verringerung der Ausschüttung von Stresshormonen zu veranlassen.

Der Hippocampus hemmt demnach über Cortisol die weitere Ausschüttung von CRH aus dem Hypothalamus.

Solange emotionale Reize vorhanden sind, wird die Amygdala (der Mandelkern) versuchen, den Hypothalamus zur Ausschüttung von CRH zu veranlassen. Es hängt daher von dem Verhältnis der fördernden Wirkung (+) der Aygdala und der hemmenden Wirkung (-) des Hippocampus auf den Hypothalamus ab, wie viel CRH, ACTH und letzlich CORT (Cortisol und andere Glucocorticoide) ausgeschüttet werden.

Durch ein mehrfaches Durchlaufen dieser Schleife wird die Konzentration der Stresshormone im Blut sehr genau den Anforderungen der Mobilisierungssituation (Stresssituation) angepasst.

Schon hier wird deutlich, dass die Amygdala eine Information braucht, die ihr sagt, dass die Stresssituation vorüber ist. Das ist es auch, worauf Selye korrekterweise hingewiesen hat:

Erst wenn die Stresssituation vorbei ist, gelingt die Herunterregelung der HPA-Achse durch den Parasympathikus.

• • • ● • ● • • •

Für Gehirn und Körper ist eine langwierige Aktivierung der HPA-Achse potenziell gefährlich und/oder krankmachend. Es ist daher entscheidend, dass es möglichst rasch zu einer Regulation der HPA-Achse durch das soziale System (VVC) kommt. Mit anderen Worten: Das Gehirn muss erkennen, dass eine Stresssituation bewältigt wurde und die Situation wieder sicher ist.

Das alles entscheidende Signal für die Amygdala ist das Gefühl von Sicherheit. Entspannung und Erholung sind eine Folge des Gefühls von Sicherheit und können daher nicht die Ursache der Beendigung einer Defensivreaktion sein.

Die Ursache für die lebensnotwendige Beendigung der mobilisierenden Defensivreaktion ist ein Signal oder eine Signalgruppe, die anzeigen, dass sich das Tier oder der Mensch in physischer Sicherheit befindet.

• • • ● ● • ● • • •

Freeze und Faint

Die Defensivstrategien des DVC sind Freeze (Erstarren) und Faint (Erschlaffen/Ohnmacht).

Sie werden gewählt, wenn die Situation subjektiv oder objektiv lebensgefährlich bzw. aussichtslos ist.

Beide Strategien werden durch die Beteiligung des DVC, des dorsalen Vagus erreicht. Sie gehen ineinander über.

Freeze und Faint sind zwei unterschiedliche Strategien. Der Begriff "Freeze" hat sich sozial durchgesetzt. Spricht Porges aber von "Shutdown" oder "Herunterfahren", nutzt er auch den kaum bekannten Begriff "Faint".

Freeze ist die Defensivreaktion, die Peter Levine entdeckte und bei Wildtieren auch filmisch dokumentierte. Faint ist die Defensivstrategie, die mit dem paralysierten Entsetzen des zu sehr aktiven DVC einhergeht. Sie wurde von Porges beschrieben.

Freeze und Faint werden leider sehr häufig miteinander verwechselt. Sie haben aber physiologisch gesehen unterschiedliche Grundlagen.

Porges spricht heute, zum Beispiel in seinem Online-Kurs der Firma PESI, davon, dass er den Freeze-Zustand der Mobilisierung zuordnet und "Faint" der Immobilisierung.[31]

Sowohl beim Freeze als auch beim Faint ist die Aktivierung des parasympathischen Systems (DVC) bereits sehr hoch. In beiden Fällen wurde die Aussichtslosigkeit der Situation bereits erkannt. In beiden

Fällen hat das Gehirn bereits errechnet, dass die Ressourcen nicht mehr ausreichen, um sich zu wehren oder beispielsweise weiter zu spurten.

Der Unterschied zwischen Freeze und Faint besteht im Ausmaß der Sympathikus-Aktivierung (SNS). Während sie bei Freeze noch gegeben, sogar sehr hochgefahren ist, ist sie beim Shutdown (Faint) nicht mehr gegeben oder stark vermindert.

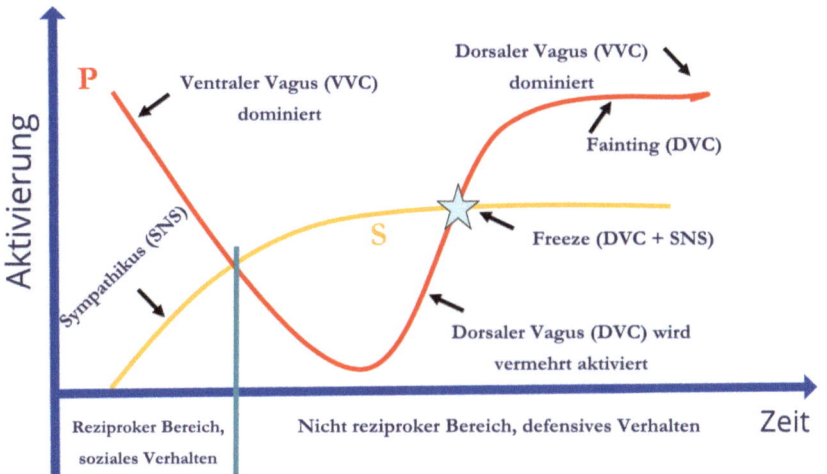

Abbildung 39: Übergang von Freeze zu Faint. Zitiert nach Peter Levine (Porges, 2018), modifiziert von Inke Jochims.

• • • ● • ● • • •

Freeze (Erstarren, Schockzustand)

Freezing ist der Totstellreflex, die Schockstarre, die Peter Levine beobachtet hat. Wenn ein Fluchttier, zum Beispiel eine Gazelle, von einer Großkatze gejagt und erwischt wird, erstarrt sie zunächst.

Physiologisch geschieht nun Folgendes: Eine Zeit lang befindet sich das Tier in einem Übergangszustand, in dem die Muskeln einerseits angespannt und andererseits in ihrer Beweglichkeit gehemmt sind.

Der Freeze-Zustand kann einige Minuten anhalten, aber nicht viel länger.

Das Tier liegt nun so da, als wäre es schon tot. Das hat zwei Gründe: Raubtiere fressen häufig keine toten Tiere oder sie werden abgelenkt und lassen von der Beute ab, weil sie denken, sie wäre tot. Das gibt der Gazelle die Möglichkeit, in einem unbewachten Moment, solange sie noch nicht zu schwer verletzt ist, aufzuspringen und davonzulaufen.

Was braucht man, um doch noch aufspringen und verschwinden zu können? Man braucht einen hochgehaltenen Blutdruck und einen sehr hohen Muskeltonus. Die Muskeln müssen handlungsbereit für eine allerletzte Chance sein.

All das bedeutet, dass der Sympathikus stark aktiviert ist.

Andererseits, was braucht man, um sich tot zu stellen? Die Lähmung. Freiwillig legt sich ein verfolgtes Tier nicht so hin, also übernimmt das ANS.

Im Freeze-Zustand muss der Körper gleichzeitig aktiviert und gelähmt sein und das geht nur, wenn gleichzeitig ein hoher Sympathikus-Tonus (SNS) und ein hoher Parasympathikus-Tonus (DVC) bestehen.

Der Freeze-Zustand ist also ein Zustand, der sich in eine vollkommene Sympathikus-Aktivierung, die für die letzte Chance notwendig ist, zurückentwickeln kann.

Aber wenn es den unbewachten Moment nicht mehr gibt und/oder das Tier zu schwer verletzt ist, um zu fliehen, entwickelt sich der Freeze-Zustand in einen Faint-Zustand.

• • • ● • ● • ● • •

Faint (Herunterfahren, Shutdown)

Faint ist das System der Energieeinsparung, der Verlangsamung, der Hemmung.

Diese Defensivreaktion erlaubt beispielsweise Bären, einen Winterschlaf zu halten, ohne sich zu bewegen oder ohne aktiv nach Nahrung zu jagen. Bären können einen Winterschlaf überleben, weil ihnen dieses System erlaubt, die im Sommer angefutterten Fettreserven sehr langsam zu verbrauchen.

Sobald der Tonus des parasympathischen Systems (DVC) überwiegt, kommt es zu einer dramatischen Verlangsamung der Herzrate, der Atem wird sehr flach und es wird kaum noch Sauerstoff aufgenommen.

Das kann dazu führen, dass ein von einem Jäger erwischtes Tier, das wirklich nicht mehr entkommen kann, relativ schnell ohnmächtig wird. Viele Mäuse, die von einer Katze erwischt werden, sterben an einem Herzstillstand und nicht infolge der Bisswunden.

Physiologisch ist der Herzstillstand möglich, weil das Herz und die Lunge zwar hauptsächlich durch den ventralen Vagus reguliert werden, aber einige Fasern des dorsalen Vagus auch das Herz und die Lunge mit regulieren.

Wenn diese Fasern übernehmen, dann schlägt das Herz eventuell zu langsam und der Atem wird zu flach. Deshalb hält Porges diesen Zustand auch bei Säugetieren für gefährlich.[32]

Die Strategie des "Faint" wurde evolutionär von den Reptilien bzw. Amphibien übernommen.

Stephen W. Porges beschäftigte sich, wie in Kapitel 4 dargestellt, während der Entwicklung der Polyvagaltheorie intensiv mit dem Defensivsystem der Reptilien.

Er entdeckte, dass sie bei Bedrohung eine Defensivstrategie verwenden, die nicht auf einer Energieausgabe, sondern auf einer Energieeinsparung beruht.

Wenn Reptilien im Wasser leben und bedroht werden, hören sie auf zu atmen, defäkieren, um die metabolischen Ansprüche zu verringern, und tauchen ab.

Wenn sie an Land leben, erstarren sie vollständig, sehen aus wie tot oder wie Steine. Auch in diesem Falle sinkt ihre Herzrate sehr weit ab, sie hören praktisch auf zu atmen.

Das ist für Reptilien eine brauchbare Strategie, denn sie haben sehr kleine Gehirne mit einem sehr geringen Sauerstoffbedarf.

Sie können daher ihre Herzrate sehr stark verlangsamen. Reptilien sind also – situationsabhängig – in der Lage, ihren metabolischen Bedarf zu reduzieren und können diese Fähigkeit nutzen, um als Defensivstrategie abzutauchen oder zu erstarren.

Ein Säugetier hat ein sehr viel größeres Gehirn mit einem sehr viel höheren Sauerstoffbedarf als ein Reptil. Weil dieses Gehirn ständig mit Glukose und Sauerstoff versorgt werden muss und sehr schnell stirbt, wenn dies nicht geschieht, ist es für Säugetiere sehr riskant, ihre Herzrate allzu sehr abzusenken.

Wenn das Säugetierherz zu langsam schlägt, bleibt es unter Umständen stehen. Dennoch wenden alle Säugetiere, auch der Mensch, diese Strategie in modifizierter Form an.

$$\bullet \ \bullet \ \bullet \bullet \ \bullet \ \bullet \bullet \ \bullet \ \bullet \ \bullet$$

In allen traumatischen Situationen, in denen ein Mensch sich nicht mehr wehren und auch nicht mehr fliehen kann, wird diese Defensivstrategie ausgelöst. Oder wie der Sohn von Porges Seth es formulierte:

Dieses Defensivsystem zu verstehen, heißt Traumata zu verstehen.[33]

Die durch das parasympathische System (DVC) vermittelte Reaktion ist also auf Energieeinsparung ausgerichtet, nicht auf Energiemobilisierung.

• • • ● ● ● ● ● • •

Hier die Reaktion noch einmal zusammengefasst:

- Die Herzrate vermindert sich.

- Die Fähigkeit sich zu bewegen nimmt ab.

- Das Blut wird umverteilt, von den Gliedern weg in den Bauchraum.

- Das Gewebe bekommt wenig Sauerstoff.

- Der Stoffwechsel verlangsamt sich.

Faint ist die gegensätzliche Reaktion zu Kampf-oder-Flucht. Die biologische Grundlage von Faint ist die sogenannte vasovagale Synkope.

Das ist eine Kondition, die in der Medizin schon länger bekannt ist: Die Betroffenen werden plötzlich – wie aus dem Nichts – ohnmächtig und fallen um, kommen dann aber relativ rasch wieder zu sich.

Um sich eine vasovagale Synkope vorstellen zu können, stellen Sie sich einfach eine Situation vor, in der Sie mit einem Gartenschlauch Pflanzen gießen.

Sie haben einen gewissen Druck auf dem Schlauch, der Wasserhahn ist weit geöffnet. Sie stehen weit vom letzten Blumenbeet weg, deshalb halten Sie den Schlauch sehr flach und so bekommen auch die Blumen im hintersten Beet ihr Wasser.

Nun stellen Sie sich vor, Sie würden den Schlauch nach oben halten und nicht mehr so flach nach vorne richten.

Bei gleichem Druck wäre der Umkreis der Blumen, die noch bewässert werden, erheblich geringer. Entweder Sie erhöhen jetzt den Druck auf den Schlauch, sodass mehr Wasser herausgepumpt wird und der Umkreis wieder größer wird, oder aber, wenn das nicht möglich ist, halten Sie den Schlauch ganz einfach wieder flach.

Das ist es, was auch mit unserem Blutdruck geschieht.

Da es die Erdanziehung gibt, muss das Blut entgegen der Gravitation nach oben ins Gehirn gepumpt werden. Das ist die Aufgabe von Herz und Blutdruck.

Wenn wir ganz flach liegen, hat die Erdanziehung weniger Auswirkungen. Das ganze Blut kann leicht und mit wenig Aufwand hin- und hergepumpt werden. Es ist dem Körper sehr viel leichter möglich, das Gehirn mit Blut zu versorgen, als wenn wir aufrecht gehen oder stehen.

Was passiert, wenn wir gesund sind und aus einer liegenden Position aufstehen? Im Grunde das, was ich mit dem Gartenschlauch geschildert habe. Das Blut muss jetzt plötzlich nach oben gepumpt werden. Der höchste Punkt des Menschen ist der hintere Schädel und auch der muss mit Blut versorgt werden, sonst funktionieren die entsprechenden Zentren nicht.

Wenn wir aufstehen, würde aber das Blut ohne Hilfsmittel sofort der Erdanziehungskraft wegen in die Beine sinken, daher sind wir mit angeborenen Reflexen ausgestattet, die unseren Herzschlag beschleunigen und die Blutgefäße, besonders die in den Beinen, zusammenziehen.

Diese beiden Maßnahmen sorgen dafür, dass das Blut hoch ins Gehirn gepumpt wird.

Für das Zusammenziehen der Gefäße in den Beinen ist der Sympathikus zuständig. Ohne den Einfluss dieses Strangs des ANS ziehen sich die Gefäße nicht zusammen.

Es gibt Menschen, bei denen sich die Blutgefäße in den Beinen erst wie gewünscht zusammenziehen, dann aber lässt die Sympathikus-Aktivierung plötzlich nach, die Gefäße weiten sich wieder und das Blut versackt in den Beinen. Der Blutdruck sinkt ab. Da jetzt der Einfluss des Vagus zu stark dominiert, bekam diese Kondition den Namen vasovagale Synkope (oder auch vasovagales Ereignis).

Häufig ist dies kein plötzlicher Prozess, die Betroffenen fallen nicht um wie "ein Sack Kartoffeln", sondern es gibt Warnzeichen.

Der am weitesten vom Erdboden entfernte Teil des Menschen, der Hinterkopf, registriert zunächst das Absinken des Blutdrucks. Im Hinterkopf befinden sich die Zentren, die Hören und Sehen kontrollieren.

Das erste Anzeichen für eine vasovagale Synkope ist also, dass man schlechter hört, und beginnt, nur noch verschwommen zu sehen.[34] Plötzlich werden die Stimmen zu laut und die Sicht verschwimmt.

Um die Effekte der Erdanziehung zu vermindern und wieder genügend Blut ins Gehirn zu transportieren, müsste man sich nun hinlegen.

Wenn das aber nicht geschieht, schlägt das Herz plötzlich schneller, um den Blutzufluss zum Gehirn abzusichern. Wenn dieser schnellere Herzschlag nicht ausreicht, um den Blutdruck zu stabilisieren, ist den Betroffenen "schwummrig", dann werden sie sehr blass und kollabieren.

Sie kippen also um, damit der Effekt der Schwerkraft weg ist und die Blutzirkulation wieder aufrechterhalten wird.

Sobald das geschieht und es durch den Sturz keine schweren Verletzungen gegeben hat, kommen die Betroffenen in der Regel wieder zu sich.

• • • ● • ● • • •

Freeze und Faint beim Menschen

Während bei Tieren diese beiden Phänomene rein körperlich ausgelebt werden, sind beim Menschen sogenannte "funktionelle" Zustände möglich. Wir können als Menschen jahrelang in einer bestimmten Art der Schockstarre verharren oder jahrelang in einem Trauma-Zustand leben.

Der Grund dafür ist, dass die körperlichen Zustände dank unseres menschlichen Gehirns modifiziert werden können. Sie werden eben nicht mehr so vollständig ausgelebt wie bei einem Tier.

Menschen können im funktionellen Freeze-Zustand, also innerlich erstarrt sein und währenddessen zur Schule gehen, studieren und Kinder bekommen.

Diese Menschen nennen wir "traumatisiert".

Aber auch wenn der Freeze-Zustand beim Menschen in modifizierter, das bedeutet letztlich abgeschwächter Form ausgelebt werden kann, wird er nach wie vor realisiert – und das ohne unser bewusstes Zutun.

Und wenn er realisiert wird, vermindert er unsere Fähigkeiten, oft, ohne dass wir es merken. Wir fühlen uns einfach nur häufig müde, geraten schnell in einen Burn-out, sind irgendwie nicht so kommunikativ oder verteidigen uns nicht so, wie wir es müssten.

Daher sind diese sogenannten funktionellen Zustände in der Lage, unser Leben massiv zu beeinflussen und das keinesfalls immer zu unserem Besten.

Dank der Polyvagaltheorie beginnt die Menschheit, dies nun langsam zu entdecken und ist mehr und mehr in der Lage, die mit diesen funktionellen Zuständen einhergehende Psychologie als Resultat bestimmter biologischer Reaktionen auf sehr stressige Erfahrungen zu begreifen.

· · · ● ● ● ● · · ·

Fawn (Beschwichtigen, Verhandeln)

Die Fawn-Reaktion wird sehr viel seltener als Stressreaktion erwähnt als die schon genannten Stressreaktionen Fight (Kampf), Flight (Flucht) oder Freeze/Faint (Erstarren, Erschlaffen/Ohnmacht).

Der Autor und Psychotherapeut Pete Walker hat diese Stressreaktion im Zusammenhang mit traumatischem Erleben ausführlich beschrieben.[35]

Wie schon erwähnt hat Porges sich zu dieser Stressreaktion nicht geäußert. Ich ordne sie aber zwischen ventralem Vagus (VVC) und sympathischer Reaktion (SNS) ein.

Fawn ist genau wie Freeze/Faint, also Herunterfahren und Dissoziieren, eine Stressreaktion, die evolutionär von den Reptilien übernommen wurde, also eigentlich eine sehr alte Reaktion. Sie kann aber in der für Menschen modifizierten Form nur mithilfe des ventralen Vagus (VVC) angewandt werden.

Es ist eine Defensivstrategie, bei der das Reptil etwas opfert, um sein Leben zu retten, wenn ihm der Jäger schon zu nahegekommen ist.

Zum Beispiel kann eine Eidechse ihren Schwanz abstoßen. Damit verschafft sie sich wertvolle Sekunden, um zu entkommen.

Der Jäger, häufig ein Raubvogel, bekommt nicht die ganze Eidechse, sondern nur ein wertloses Stück Schwanz. Der Jäger bekommt also nicht die Eidechse, sondern etwas anderes.

Implizit signalisiert die Eidechse: "Nimm nicht mich, nimm etwas anderes!"

• • • ● • ● • • •

Abbildung 40. Fawn-Reaktion einer Eidechse

• • • ● • ● • • •

eim Menschen wurde diese Defensivreaktion modifiziert, sodass der Angegriffene beginnt zu verhandeln.

Er gibt etwas, was der Jäger (vermeintlich) haben möchte, beispielsweise Lob, Bewunderung oder Anerkennung, und wird im Gegenzug in Ruhe gelassen. Es gibt jedoch auch bösartigere Varianten der Fawn-Reaktion, bei der gesagt wird: "Nimm nicht mich, nimm jemand anderen!"

Beim Menschen tritt diese Defensivreaktion sehr häufig auf. Nach außen hin wirken diese Menschen diplomatisch und freundlich, sie werden nicht laut und sie sacken auch nicht zusammen.

Dennoch, die Fawn-Reaktion ist unter Menschen für unendliche Schäden zuständig und es ist daher an der Zeit, dass diese Defensivstrategie besser verstanden wird. Mehr zur Verwendung von "Fawn" in sogenannten Drama-Dreiecken habe ich in meinem Buch: "Das Dreieck der Verleugnung. Die Opfer-Kontroll-Dynamik erkennen und überwinden" dargelegt.[36]

Das soziale System

Um die Voraussetzungen für ein starkes soziales System (VVC) zu verdeutlichen, möchte ich mit der Metapher der Ampel beginnen.

Angenommen, Sie haben einen Bußgeldbescheid bekommen, weil sie eine rote Ampel überfahren haben. Es war kein Vorsatz, es ist aber geschehen. Wenn es kein willentliches, vorsätzliches Handeln war, kann es dafür nur drei Gründe gegeben haben:

- Die Ampel hat kein Haltesignal gesendet, das rote Licht war beschädigt. Die Polizei ging aber von einem korrekt gesendeten Licht aus. Einen Beweis haben Sie nicht.

- Die Ampel hat das richtige Signal gesendet, aber Sie haben es nicht gesehen und folglich nicht beachtet.

- Die Ampel hat korrekt gesendet und Sie haben das Signal gesehen. Sie wollten es auch beachten, aber genau in dem Moment, als Sie bremsen wollten, ging Ihre Bremse kaputt. Sie konnten nicht mehr rechtzeitig anhalten.

• • • • ● • ● • • •

Es gibt also, entsprechend dieser Metapher, drei Gründe, warum das soziale System (VVC) in einem gegebenen Moment geschwächt ist:

- Eine soziale Situation ist konstant unsicher. Das entspräche der Situation einer kaputten Ampel, in der das richtige Licht nicht gesendet wird.

- Eine soziale Situation war so lange so unsicher, dass der Empfänger "dicht" gemacht hat und nun auch nicht mehr fähig ist, freundliche Signale oder Signale von Sicherheit zu empfangen.[37] Das Signal wird also gesehen, aber nicht verarbeitet und folglich auch nicht beachtet.

- Eine soziale Situation war so lange so unsicher, dass sich das soziale System (VVC) eines Kleinkindes auf der physiologischen Ebene nicht ausreichend entwickelt hat. Da es sich beim sozialen System (VVC) um lebendes Gewebe handelt, muss es regelmäßig trainiert werden.

• • • ● • ● • • •

So wie jeder Muskel, der nicht mehr gebraucht wird, vom Körper abgebaut wird, werden auch neuronale Verbindungen, die nicht "gebraucht", also trainiert werden, abgebaut. Was beim Auto die regelmäßige Wartung der Bremse ist, ist beim Menschen der soziale Kontakt.

Das soziale System (VVC) besteht laut Porges aus einer Reihe von Nerven, die alle zu den oben genannten sozialen Funktionen beitragen. Diese Nervenverbindungen verlaufen sowohl afferent als auch efferent.

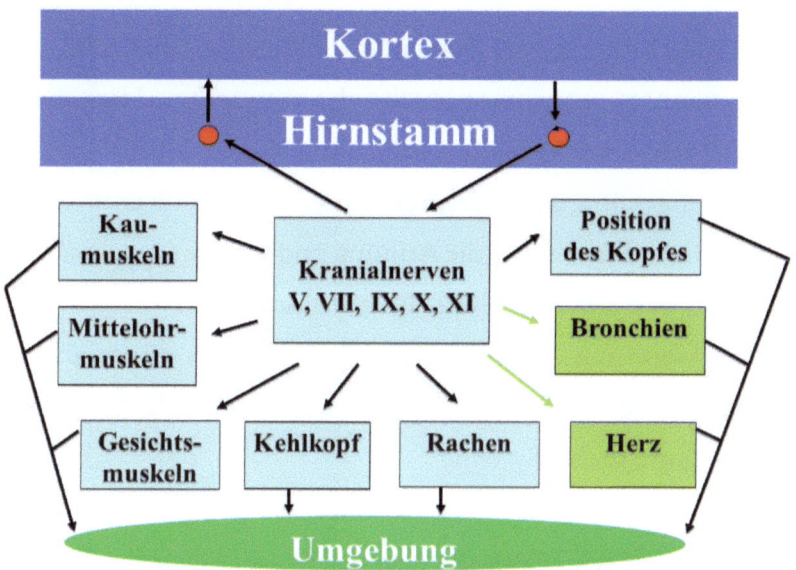

Abbildung 41: Die Strukturen des sozialen Systems. Zitiert nach einer Zeichnung von Stephen W. Porges. Porges, 2011, Porges, 2018

• • • ● • ● • • •

Die hellblau hinterlegten Felder in Abbildung 41 bilden die somatomotorische Komponente. Das bedeutet: Diese Nerven nehmen Informationen (Sinneseindrücke) aus der Umgebung auf, schicken sie zum Gehirn und dieses reagiert darauf, indem es bestimmte Muskeln aktiviert.

Wir können beispielsweise etwas sagen, schlucken, den Kopf wenden usw.[38]

Die grün hinterlegten Felder in selbiger Abbildung zeigen die sogenannte viszeromotorische Komponente. Hier werden Informationen aus dem Körper aufgenommen, im Hirnstamm unter Einbeziehung höherer Strukturen ausgewertet und entsprechend werden z. B. der Herzschlag, die Atmung und weitere Organe reguliert.

Nach Porges arbeiten diese Nervenfasern und Strukturen im Verbund. Wenn man beispielsweise den Hörnerv durch als sicher wahrgenommene Musik oder Vogelzwitschern stimuliert, dann stärkt dies das gesamte soziale System.[39]

Ein Teil der Fasern des VVC verläuft also zwischen Gehirn und Gesicht, genauer gesagt zwischen den Ohren und dem Kehlkopf. Das ermöglicht Säugetieren, ihren physiologischen und auch emotionalen Zustand in Form von Vokalisierung weiterzugeben.

Säugetiere und ganz besonders Menschen können anderen Säugetieren mitteilen, wie sie sich fühlen und welche Aktivität ihr Nervensystem in einem bestimmten Moment zeigt.

Denn ein wesentliches Merkmal der Nervenverbindungen des sozialen Systems (VVC) ist es, dass sie es Säugetieren und besonders Menschen erlauben, die Frequenz ihres Herzschlages und ihren allgemeinen körperlichen Zustand "im Gesicht" zu tragen: Man sieht jemandem die Aktivität des ANS mit den begleitenden Emotionen in einem bestimmten Moment eben an. Man erkennt sie an der Art des Gesichtsausdrucks und an der Intonation der Stimme.

Im oberen Teil des Gesichts liegen um die Augen herum die Augenmuskeln, die durch die Kranialnerven innerviert werden. Mithilfe dieser Kranialnerven gelingt es, den eigenen psycho-physiologischen Zustand einem anderen Säugetier zu signalisieren.

Mithilfe des Ausdrucks der oberen Gesichtshälfte kann ein anderes Säugetier einschätzen, ob es sicher ist, ob es also möglich ist, Kontakt und Nähe herzustellen oder nicht.

Wenn ein Mensch einen anderen Menschen aggressiv anspricht, zeigt sich die Reaktion umgehend in der oberen Gesichtshälfte, sie flacht ab. Es ist unmittelbar sichtbar, wie sich dieser Mensch fühlt.

Die Prosodie der Stimme, also z. B. die Intonation beim Sprechen und die Satzmelodie, vermittelt den Zustand des ANS, d. h., welcher der drei neuronalen Zirkel in einem gegebenen Moment aktiv ist.

Ebenso vermittelt die Stimme eine mögliche Intention, diese kann freundlich, gefährlich, uninteressiert, abwesend, oder ohne jeden Kontakt sein. Eine tiefe, monotone Stimme wird vom ANS, vom

Körper des Gegenübers als gefährlich eingestuft und entsprechend wird die Reaktion sein.

Säugetiere sind also zur Co-Regulation fähig, indem sie Signale in Bezug auf ihren physiologischen und emotionalen Zustand austauschen können. Das bedeutet: Sie können einander Signale senden, die die Physiologie des jeweilig anderen entspannt und beruhigt.

Daher ermöglicht der ventrale Vagus (VVC) Säugetieren Liebe und Verbindung. Ohne einen funktionierenden ventralen Vagus könnten Säugetiere und auch Menschen keine liebevolle Verbindung zueinander eingehen.

Auf diese Art der Co-Regulation sind vor allem Menschen nicht nur aus psychologischen, sondern auch aus physiologischen Gründen ein ganzes Leben lang angewiesen. Denn sobald der ventrale Vagus (VVC) die "Führung" übernimmt, regelt er den Herzschlag so herunter, dass weder das sympathische noch das parasympathische System überreagieren können.

Das ist die physiologische Homöostase, die der menschliche Körper braucht, um sich zu erholen und zu heilen. Und das ist es, was die Verbindung zwischen Beziehungen und physischem Wohlbefinden sowie sogenannter psychischer Gesundheit darstellt.

Wir müssen also sicherstellen, dass unser ANS nicht über längere Zeit in einer Defensivreaktion stecken bleibt, wenn wir uns selbst regulieren wollen. Wir müssen lernen, eine Defensivreaktion zu bemerken, wenn sie auftritt und uns dann aus ihr zu befreien.

Die Kranialnerven des sozialen Systems (VVC)

- **Trigeminus (V) Kaumuskeln** *(Mittelohr):* Sensibilität für Berührung im Gesicht, Hörmuskel für die Frequenzdifferenzierung u. a. für die mütterliche Stimme

- **Facialis (VII)** *(Gesichtsmuskeln):* Mimik, obere Gesichtshälfte

- **Glossopharyngeus (IX)** *(Zunge und Rachen, obere Rachenmuskulatur): Saugfunktion, Mundmotorik*

- **Vagus (X), ventraler Vagus** *(Innere Organe): Affektregulation, Feinregulation des Herzens/Bronchen (VagusBremse)*

- **Accessorius (XI)** *(Schultern): Kopfbewegungen*

Abbildung 42: Die Kranialnerven, die das soziale System ermöglichen.

• • • • ● • ● • • •

Die Vagus-Bremse

Die Fähigkeit des ventral verlaufenden Vagus, den Herzschlag in Abhängigkeit von Signalen von Sicherheit zu regulieren, bezeichnet Porges als Vagus-Bremse.

Die Vagus-Bremse ist somit ein neurophysiologischer Mechanismus, der schnelle Wechsel zwischen physiologischen Zuständen ermöglicht, die entweder die soziale Kommunikation oder die Mobilisation fördern.[40]

Die Vagus-Bremse ist Teil des Regelkreises, mit dem der Hirnstamm den Blutdruck aufrechterhält sowie den Atem und den Herzschlag an die jeweiligen Erfordernisse anpasst. Der Vagus reguliert den Herzschlag, in dem er das Erregungszentrum des Herzens beeinflusst, den Sinusknoten.

• • • ● • ● • • •

Der Sinusknoten

Im Gegensatz zu anderen Muskeln besitzt das Herz ein eigenständiges Erregungszentrum, es erzeugt die elektrischen Impulse, die es für seine Arbeit braucht, selbst.

Das wichtigste Erregungszentrum des Herzens ist der Sinusknoten.[41]

Der Sinusknoten liegt im rechten Vorhof in der Nähe der Einmündung der oberen Hohlvene, von hier aus werden die Erregungen über die Vorhofmuskulatur weitergeleitet. Die dafür erforderlichen Reize werden von den Zellen des Sinusknoten selbst erzeugt. Dieser Sinusknoten trommelt sozusagen den Takt.

Es handelt sich um ca. 10.000 Zellen, die sich synchronisieren müssen, die ihren Puls von Aufladen und Entladen einander angleichen müssen, damit die notwendige Elektrizität erzeugt wird. Die Tatsache, dass diese Zellen ihren Puls einander angleichen können, dass sie gemeinsam arbeiten und nicht jede Zelle nach Lust und Laune einzeln – das ist der Grund, warum wir existieren.

Der Sinusknoten würde, wenn er nicht beeinflusst werden würde, dafür sorgen, dass das Herz immer zwischen 90 und 100 BPM (Beats per Minute, Herzschläge pro Minute) schlägt.

Wäre dem so, dann würde das Herz immer gleich viel Blut umpumpen.

Nehmen wir an, es gäbe für die Arbeit des Sinusknotens keine zweite Regulationsmöglichkeit. Dann könnte sich der Herzschlag und somit die Verwendung von Energie niemals an unterschiedliche Situationen anpassen. Schon aufzustehen bedeutet, dass wir kurzfristig mehr Energie verbrauchen, als wenn wir sitzen. Der Blutdruck muss kurzfristig schnell steigen, damit auch genügend Blut zum Gehirn fließt, wenn wir stehen, sonst würden wir ganz einfach umfallen.

Wäre eine vollkommen monotone Art der Energiebreitstellung nützlich oder adaptiv, überlebenssichernd? Das wäre sie auf keinen Fall.

Die Regulation durch den ventralen Vagus ermöglicht dagegen eine genaue Anpassung der Herzleistung an den aktuellen Bedarf. Die Vagus-Bremse macht es möglich, dass das Herz mal schneller und mal langsamer schlägt.

Mithilfe der Vagus-Bremse ist ein Feintuning für die verschiedenen Gelegenheiten möglich.

Die Vagus-Bremse ist naturgemäß eng mit der Regulation des Blutdrucks verbunden.

· · · · ● · ● · · ·

Die Regulation des Blutdrucks

Ein anpassungsfähiger Blutdruck ist die Voraussetzung, um aktiv werden zu können, sei es mit dem Ziel, Sport zu treiben, sei es, um zu kämpfen oder zu flüchten.

Der Reflex, mit dem der Blutdruck kontrolliert wird, beginnt mit den sogenannten "Barorezeptoren". Diese Neuronen sind in die Wände der Aorta, der größten Arterie des Herzens, eingefügt. Sie messen die Dehnung der Aorten-Wände.

· · · · ● · ● · · ·

Ausatmen

Wenn wir ausatmen, dann entspannt sich das Zwerchfell und bewegt sich nach oben. Durch diesen Vorgang sinkt der Brustkorb etwas in sich zusammen, der Druck im Brustkorb (Thorax) nimmt etwas zu und Luft wird aus der Lunge herausgedrückt.

Es fließt mehr Blut vom Herzen weg als zu ihm hin.

Je höher der Blutdruck, desto mehr Blut fließt durch die Aorta und die Wände der Aorta dehnen sich ein bisschen aus. Auf diese Ausdehnung reagieren die Barorezeptoren. Sie feuern etwas mehr als gewöhnlich und diese Nachricht wird über zwei Nerven zum Gehirn, genauer gesagt zum Hirnstamm, hingeschickt, und zwar über zwei Nerven, über den myelinisierten Vagus und den Nervus glossopharyngeus.

Diese Information erreicht einen bestimmten Kern des Hirnstamms, den Nucleus tractus solitarius, abgekürzt NTS.

Auf das Signal dieser beiden Nerven hin aktiviert der NTS den wichtigsten Teil des sozialen Systems (VVC), den myelinisierten Vagus. Beim Ausatmen wird also der efferente Teil des ventralen Vagus aktiviert, der den Herzschlag regeln kann. Dieser sorgt dafür, dass sich der Herzschlag verlangsamt, indem Acetylcholin auf den Sinusknoten entlassen wird. Das verlangsamt die Rate, mit der die Zellen des Sinusknotens feuern.

Der NTS hemmt außerdem das sympathische System (SNS). Die Hemmung des SNS sorgt für eine Erweiterung der Blutgefäße, was wiederum den Blutdruck senkt und ihn in Richtung seines Sollwerts bewegt.

Beim Ausatmen verlangsamt sich also der Herzschlag und gleichzeitig sinkt kurzfristig der Blutdruck, jedenfalls bei gesunden Menschen.

• • • • ● • ● • • •

Einatem

Nun, da der Blutdruck gesunken ist, fließt weniger Blut durch die Aorta und die Wände der Aorta ziehen sich folglich ein wenig zusammen.

Die Barorezeptoren registrieren das und drosseln ihre Impulse dementsprechend. Diese Information wird erneut über die beiden schon genannten afferenten Nerven zum NTS geschickt. Dieses Mal reagiert das NTS, indem es das sympathische System (SNS) aktiviert und den ventralen Vagus (VVC) und seinen Einfluss auf das Herz hemmt, wenn auch nicht vollständig.

Die Hemmung des myelinisierten ventralen Vagus führt zu einem geringeren Einfluss des Vagus auf den Sinusknoten, es wird weniger Acetylcholin in Richtung der Zellen des Sinusknotens ausgeschüttet.

Die Aktivierung des SNS führt zu einer Verengung der Blutgefäße, da gleichzeitig Noradrenalin ausgeschüttet wird, werden die Blutgefäße zur Kontraktion veranlasst. Bereits das sorgt für einen Anstieg des Blutdrucks.

Die Nervenendigungen des SNS, die ebenfalls das Herz erreichen, entlassen zusätzlich Noradrenalin auf den Sinusknoten, was den Herzschlag beschleunigt. Diese Maßnahmen sorgen sehr schnell dafür, dass der Blutdruck wieder steigt, bis der Sollwert erreicht ist.

• • • ● ● • ● ● • • •

Atemabhängige Sinusarrhythmie (RSA)

Der Baroreflex ist die kurzfristige Reaktion des Körpers und des Gehirns auf Veränderungen des Blutdrucks, Veränderungen, die aus den täglichen Bewegungen, aber auch aus bestimmten emotionalen Zuständen resultieren können.

Herzschlag und Atem sind bei jedem Atemzug und jedem Herzschlag miteinander verbunden, im besten Falle synchronisiert. Der Fachausdruck dafür lautet: Atemabhängige Sinusarrhythmie (Respiratory Sinus Arrythmia, RSA).

Der Begriff "Atemabhängige Sinusarrhythmie" besagt, dass es während eines Atemzyklus natürlicherweise zu Variationen der Herzrate (das Herz schlägt mal schneller und mal langsamer) kommt. Die Zeit zwischen zwei Herzschlägen verkürzt sich während des Einatmens und verlängert sich während des Ausatmens.

Unser Atem moduliert also das Ausmaß der Aktivität des Vagus-Nervs. Beim Ausatmen wird moduliert, wie intensiv der Vagus in der Lage ist, den Herzschlag herunter zu regeln.

Der Hirnstamm verhält sich wie eine Art Umschalter und hemmt das Ausmaß der parasympathischen Aktivität und somit des Einflusses des Vagus auf das Herz. Unser Atemrhythmus (Wie schnell, wie tief, wie lange wird ein- und ausgeatmet?) moduliert den Herzrhythmus und somit die HRV. [42]

Dies ist nicht das einzige, was die HRV moduliert, aber die vagal-mediierte HRV, die durch den Atemrhythmus bestimmt wird, übt einen entscheidenden Einfluss auf die HRV aus.

Stephen Porges formulierte es so:

Die Variabilität des Herzschlags hängt größtenteils von Vaguseinflüssen ab [43]

Diese Erkenntnis machte den Weg frei für die Berechnung des Vagus-Tonus über die Messung der Herzratenvariabilität. Das wiederum ermöglichte die Messungen, die schließlich zur Formulierung der Polyvagaltheorie führten.

Herzratenvariabilität

Bereits vor über 1700 Jahren wurde die Bedeutung der Herzratenvariabilität von dem chinesischen Arzt Wang Shu-Ho in der späten Han-Dynastie erkannt. Er schrieb seine Erkenntnisse in seinen Schriften "Mai Jing – The Knowledge of Pulse Diagnosis" nieder.

Er beschrieb unterschiedliche Pulstypen und erkannte, dass ein variabler Puls ein Zeichen von Gesundheit ist.

In seinen Schriften über Pulsdiagnostik ist zu lesen:

"Wenn das Herz so regelmäßig wie das Klopfen eines Spechtes oder das Tröpfeln des Regens auf dem Dach wird, wird der Patient innerhalb von vier Tagen sterben.[44]

Was bedeutet HRV?

Um die "Herzratenvariabilität" (HRV) zu verstehen, muss man mit der Frage beginnen: Was ist die Herzrate? Die Antwort ist: Die Zahl, die angibt, wie oft ein Herz in der Minute schlägt.

Man misst also den Puls, zählt die Herzschläge über einen bestimmten Zeitraum und errechnet aus der gewonnenen Zahl, wie viele Schläge pro Minute das ergäbe, wenn das Herz in genau dieser Geschwindigkeit eine Minute lang schlagen würde.

Die Antwort liegt dann beispielsweise bei 60–90 Herzschlägen für den sogenannten Ruhepuls. Diese Zahl nennt man die Herzrate. Sie wird in der Regel in BPM, also "Beats (Herzschläge) per Minute" angegeben.

> Die Herzschlagfrequenz beim Menschen ist abhängig von der Belastung, vom Alter und von der körperlichen Fitness. Ein Neugeborenes hat in Ruhe eine Herzschlagfrequenz von ca. 120 Schlägen pro Minute, ein junger Erwachsener bringt es auf etwa 90 Schläge pro Minute, während ein 70-Jähriger eine Frequenz um die 70 Schläge pro Minute aufweist. Die Herzschlagfrequenz bei einem gesunden Menschen in Ruhe reicht von 50 bis 100 Schlägen pro Minute.[45]

Diese Zahlen suggerieren, dass das Herz angeblich die meiste Zeit ganz gleichmäßig über einen gewissen Zeitraum schlägt und nur dann schneller oder langsamer wird, wenn die Anforderungen steigen oder sinken.

Das würde wiederum bedeuten, dass die Zeit zwischen zwei Herzschlägen meistens gleich lang wäre. Das stimmt aber nicht. Richtig ist, dass die Herzrate sich mit jedem, wirklich jedem Herzschlag ändert. (siehe Abbildung 44)

Die Herzratenvariabilität ist also die Maßeinheit für den Wechsel der Herzrate von Herzschlag zu Herzschlag.

Die Art und Weise, wie die Herzratenvariabilität gemessen wird, erfolgt so: Man misst die Zeiteinheit zwischen zwei aufeinander folgenden Herzschlägen über einen gewissen Zeitraum hinweg.

Das geschieht entweder, indem man den Puls fühlt – eine sehr alte, aber sehr ungenaue Art des Messens – oder aber mittels eines Elektrokardiogramms. Wenn man auf diese Weise misst, stellt man fest, dass das zeitliche Intervall zwischen zwei Herzschlägen ständig variiert.

Herzratenvariabilität (HRV): Der zeitliche Abstand zwischen den einzelnen Herzschlägen bildet die Aktivität des ANS korrekt ab.

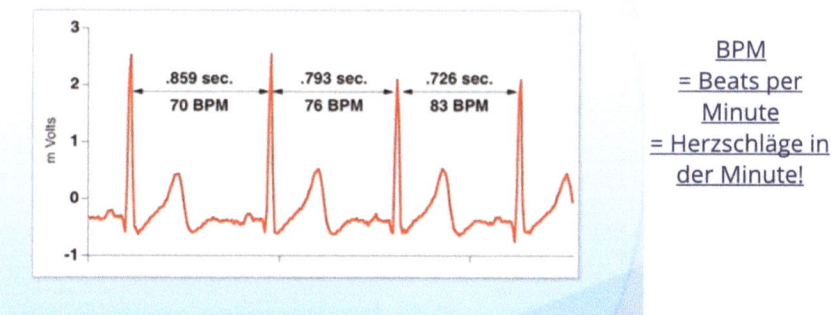

Abbildung 43: Der Herzschlag ist nie ganz gleichmäßig. McCraty, 2019.

Nehmen wir beispielhaft die drei Herzschläge A, B und C. Der zeitliche Abstand von einem Herzschlag bis zum nächsten ist zwischen A und B entweder länger oder kürzer als der zwischen B und C. Die Größenordnung dieser Variationen bewegt sich im Bereich von Millisekunden.

Je häufiger und auch je intensiver die Zeiteinheit zwischen zwei Herzschlägen variiert, desto höher ist die sogenannte "Herzratenvariabilität".

Der Goldstandard für die Messung der HRV ist ein Zeitraum über 24 Stunden, denn die HRV ändert sich alle fünf Minuten. Die HRV wird durch sehr viele Faktoren beeinflusst: durch das, was wir fühlen, ob wir konzentriert und kognitiv arbeiten oder ob wir Sport treiben.

Alle Tätigkeiten, die wir über den Tag hinweg ausüben, alle Gedanken und Gefühle beeinflussen auch die HRV.

Um dies korrekt zu erfassen, genügen eben nicht Messungen über einen kürzeren Zeitraum, wie manche Apps das suggerieren, ein medizinisch aussagekräftiges Ergebnis bekommt man nur, wenn man mindestens 24 Stunden lang misst.

HRV und Alter

Wir haben die höchste HRV, wenn wir jung sind, die HRV nimmt konstant ab, wenn wir älter werden. Die HRV ist ein starker Indikator für künftige Gesundheitsprobleme.[46]

Eine HRV, die niedriger als der Durchschnittswert für das jeweilige Alter ist, wird mit folgenden Problemen assoziiert: Entzündungen, Herzinsuffizienz, Diabetes II, Bluthochdruck, Gewichtszunahme und dem sogenannten Metabolischen Syndrom.[47]

> Es ist inzwischen allgemein anerkannt, dass die HRV in vielerlei Hinsicht Rückschlüsse auf den Gesundheitszustand und die physiologische Anpassungsfähigkeit eines Organismus zulässt.[48]

Die HRV kann aber auch für die psychologische, nicht nur für die physiologische Diagnostik eingesetzt werden.

Sie ist ein wichtiger Indikator für die psychologische Resilienz (die Fähigkeit, sich nach belastenden Ereignissen wieder zu erholen) und die Fähigkeit mit Stress umzugehen.

> Eine erfolgreiche Behandlung von Depressionen und Traumata lässt sich an einer höheren HRV ablesen.[49]

Die HRV als Indikator für Gesundheit

Wenn Menschen sich mit dem Begriff der "Herzrate" auskennen, wissen sie, dass ein niedriger Ruhepuls ein gutes und ein hoher Ruhepuls ein schlechtes Zeichen ist. Mit der Herzratenvariabilität ist es genau umgekehrt, sie soll hoch sein und nicht niedrig. Je höher die HRV ist, desto gesünder ist der Mensch.

Tatsächlich ist die HRV einer der Biomarker, der Krankheiten und einen frühen Tod mit am besten voraussagen kann.

• • • • ● • ● • • •

Warum?

Wenn die Herzrate hoch ist, ist die HRV niedriger. Nehmen wir an, wir gehen eine Treppe hoch und die Herzrate liegt zwischen 100 und 110. Dann wird die Zeiteinheit zwischen zwei Herzschlägen eher kürzer als länger.

Es gibt weniger Raum für Variationen, wenn das Herz sehr schnell schlägt, oder anders formuliert: Es gibt weniger Zeit für Variationen.

Je schneller der Ruhepuls ist, desto niedriger ist die HRV und daher stimmt es nach wie vor, dass ein zu hoher Ruhepuls kein gutes Zeichen ist.

Die HRV wird durch das Ausmaß an physischer Aktivität beeinflusst. Je trainierter jemand ist, desto niedriger ist sein Ruhepuls, also seine Herzrate, aber desto höher seine Herzratenvariabilität. Ebenfalls ein sehr wichtiger Faktor, der die HRV beeinflusst, sind die Emotionen, die wir in einem gegebenen Moment fühlen. Je frustrierter, wütender und aufgeregter wir (innerlich) sind, desto niedriger ist die HRV.

Die HRV kann zudem kohärent oder inkohärent sein. Das bedeutet, dass sie in einem ruhigen, geordneten oder in einem chaotischen Wechsel variieren kann. Je "negativer" die Emotionen, die wir fühlen, desto inkohärenter oder chaotischer ist die HRV.

Daher ist die HRV auch ein Maßstab für emotionale Ausgeglichenheit. Verschiedene Emotionen sehen auf einer Abbildung der HRV sehr unterschiedlich aus. Die HRV wird höher und kohärenter, wenn positive Gefühle erlebt werden.[50]

Das Herz und das kardiovaskuläre System senden sehr viel mehr Informationen zum Gehirn als das Gehirn zum Körper.

Ein wesentlicher Nerv, der hierfür zuständig ist, ist der Vagus-Nerv, aber es sind auch Fasern des sympathischen Zweigs des Nervensystems beteiligt. Diese aufsteigenden Signale haben einen sehr weitreichenden Einfluss auf die Gehirnfunktionen.

Sie beeinflussen die Fähigkeit zur Entscheidungsfindung und unsere Fähigkeit zur Selbstregulation.

Es sind die Herzrhythmen, die eine kausale Rolle dabei spielen, die Wahrnehmung und die Gehirnfunktion zu modulieren.[51]

Das ist der Grund, warum sich die HRV als ein so wichtiger Biomarker etabliert hat. Wir verstehen jetzt endlich die Mechanismen, wie die verschiedenen Systeme unseres Körpers interagieren.

Das Herz hat eine Art eigenes Gehirn, eine Art eigenes Nervensystem und es ist über sympathische und parasympathische Fasern mit dem Gehirn verbunden. Es gibt eine Verbindung zwischen dem Gehirn des Herzens und höheren Gehirnzentren.

Die HRV spiegelt das Gleichgewicht unseres autonomen Nervensystems wider.

Eine niedrige HRV bedeutet gleichermaßen eine eingeschränkte Anpassungsfähigkeit an innere und äußere Eindrücke.

Man spricht in diesem Zusammenhang auch von Globalfitness. Einer dauerhaft verminderten Anpassungsfähigkeit folgen Krankheiten wie Depressionen, Neuropathien und Herzkrankheiten etc.

Umgekehrt führen diese Erkrankungen zu einer verminderten Anpassungsfähigkeit.[52]

Erkrankungen wie Krebs oder Diabetes können die HRV senken, aber die wichtigste Ursache für eine niedrige HRV ist und bleibt Stress.

Und das Maß an Stress, das wir erleben, hängt wiederum direkt vom Maß unserer Bindungsfähigkeit ab.

• • • ● • ● • • •

Vagus-Tonus und Herzratenvariabilität

Der Vagus kann in der oben geschilderten Feedbackschleife seine Aufgabe unterschiedlich intensiv wahrnehmen. Wenn er nur sehr gering feuert, der Vagus-Tonus also gering ist, und meistens der Sympathikus aktiv ist, ist der Herzschlag zwar schnell, aber eher gleichmäßig. Folglich ist die Herzratenvariabilität gering.

Eine geringe Herzratenvariabilität wird daher mit einer verminderten Aktivität des Vagus, genauer gesagt des myelinisierten ventralen Vagus assoziiert.

Eine hohe Herzratenvariabilität zeigt an, dass der ventrale Vagus angemessen aktiv ist.

Letztlich bedeutet das eine, dass der Organismus im weitesten Sinne "gestresst" ist und das andere, dass er sich im weitesten Sinne im Zustand von Ruhe und Erholung befindet.

Je höher die Herzratenvariabilität, desto besser kann sich der Organismus an herausfordernde Situationen anpassen. Das war auch der Grund, warum Porges einen hohen Vagus-Tonus als schützend für frühgeborene Babys bezeichnete.

Die Messung der HRV ermöglicht also einen Blick auf die autonome Funktion des Herzens und eine Aussage über die Funktionsweise des autonomen Nervensystems.

> Bereits nach 250 bis 400 ms erhält man eine Herzfrequenz-Antwort nach Vagus-Aktivierung, jedoch erst ein bis zwei Sekunden nach Sympathikus-Aktivierung.[53]

Die Vagus-Aktivierung der Herzfrequenz ist bis zu achtmal schneller im Vergleich zur Sympathikus-Aktivierung.

Der ventrale Vagus leitet sehr viel schneller Informationen als der Sympathikus. Dies liegt an der Myelinisierung der Nervenfasern. Die Fasern des ventralen Vagus sind myelinisiert, wohingegen die Sympathikusfasern nicht myelinisiert sind.

> Das heißt wiederum, dass schnelle Schwankungen der Herzfrequenz beinahe nur durch den Vagus bestimmt sein können.[54]

Dass die Aktivität des Parasympathikus langsamer ist als die des Sympathikus, weil der Parasympathikus dicker isoliert ist, scheint im Widerspruch zum oben Gesagten zu stehen.

Aber es gilt, dass Myelinisierung eine Art der Isolation ist, die eine extrem schnelle Weiterleitung von Informationen ermöglicht.

Der VVC ist im Gegensatz zum DVC so isoliert, dass er Informationen extrem schnell leiten kann.

> Eine hohe HRV ist ein Biomarker dafür, dass wir viele Signale in der Welt als sicher einschätzen, mit vielen Aspekten unseres Daseins gut klarkommen, über eine gute Emotionsregulierung und eine möglicherweise gute Gesundheit verfügen. [55]

1. Levine, et al., 2015

2. Levine, et al., 2015

3. Porges, 2018

4. Übersetzung von Inke Jochims; Levine, et al., 2015

5. McCraty, 2019

6. Wikipedia, 2019

7. Die Nervenstränge des Sympathikus bestehen je nach Signalphase aus myelinisierten und nicht myelinisierten Nervenfasern:

8. Cohen, 2019

9. Campbell, 2016

10. Campbell, 2016

11. Cohen, 2019

12. Cohen, 2019

13. Cohen, 2019

14. Cohen, 2019

15. Cohen, 2019

16. Cohen, 2019

17. Campbell, 2016

18. Campbell, 2016

19. Campbell, 2016

20. Campbell, 2016

21. Campbell, 2016

22. Campbell, 2016

23. Campbell, 2016

24. Campbell, 2016

25. Campbell, 2016

26. Campbell, 2016

27. Campbell, 2016

28. Campbell, 2016

29. Campbell, 2016

30. Hüther, 1998

31. Porges, 2016

32. Scaer, 2014

33. Übersetzung von Inke Jochims; Porges, 2017

34. Gupta, 2016

35. Walker, 2013

36. Jochims, 2020

37. Porges, 2018

38. Porges, 2018

39. Porges, 2016

40. Porges, 2010

41. Campbell, 2019

42. McCraty, 2020

43. Porges, 2010

44. Geitel, 2016

45. Wikipedia, 2019

46. McCraty, 2019

47. McCraty, 2019

48. McCraty, 2019

49. McCraty, 2019

50. McCraty, 2020

51. McCraty, 2020

52. McCraty, 2019

53. Geitel, 2016

54. Geitel, 2016

55. McCraty, 2019

NEUROZEPTION

Der Begriff der "Neurozeption" ist eine Neuschöpfung von Stephen W. Porges. Porges definiert diesen Begriff wie folgt:

> Neurozeption ist die Fähigkeit unseres Nervensystems, Signale von Gefahr unterhalb unserer Bewusstseinsschwelle zu entdecken.[1]

An anderer Stelle formuliert er:

> Das Nervensystem bewertet über die Verarbeitung von Sinnesinformationen aus der Umwelt ständig die Risikosituation.[2]

• • • • • • • • • •

Schriftlich definierte Porges Neurorezeption wie folgt:

> Ich habe den Begriff Neurozeption geprägt, um zu beschreiben, wie neuronale Schaltkreise unterscheiden, ob von bestimmten Situationen oder Menschen keine Gefahr ausgeht, ob sie gefährlich sind oder ob sie als lebensbedrohlich einzustufen sind.[3]

2020 sagte er in einem Interview:

> Neurozeption ist die Fähigkeit unseres Nervensystems, Risiken in unserer Umgebung und/oder in anderen Menschen zu entdecken.[4]

Es gibt also ein System, das die Risiken in Bezug auf die Umgebung, in der wir uns befinden, bewertet. Und dieses System reagiert unterhalb der Bewusstseinsschwelle.

• • • ◉ • ● • ● • • ·

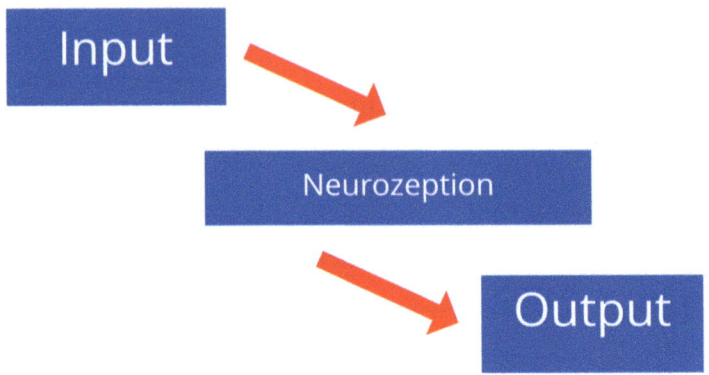

Abbildung 44: Neurozeption

• • • • ● • ● • • •

Eine der Aufgaben des autonomen Nervensystems ist es, funktionell dafür zu sorgen, dass wir am Leben bleiben. Es ist also die Aufgabe des ANS, uns zu erhalten.

Um dieser Aufgabe gerecht zu werden, verändert das ANS physiologische Zustände. Unser Körper ist in der Lage, eine Bedrohung zu erkennen, ohne dass wir dies bewusst tun müssen, ohne dass wir wissen, woher die Bedrohung kommt.

Der Begriff "Neurozeption" ist eine Metapher. Es ist eine Metapher, um deutlich zu machen, dass das Gehirn Informationen unterhalb der Bewusstseinsschwelle aufnimmt. Aufgrund dieser Informationen und der entsprechenden Vorerfahrungen mit einem ähnlichen Ereignis entscheidet das Gehirn: Ist die Situation sicher? Sie muss nicht einmal absolut sicher sein, nur für den Moment sicher genug - das genügt.

Viele Informationen und Signale laufen in einem Moment zusammen, um das zu gewährleisten, was Porges metaphorisch "Neurozeption" nennt. Es geht immer um die Wahrnehmung von Sicherheit, von Gefahr oder möglicher Lebensgefahr. Es geht - aus der Sicht des Nervensystems - immer um die Erhaltung des Lebens.

Es muss, wie gesagt, nicht absolut sicher sein, es reicht in der Regel, wenn es hinreichend sicher ist. In der Natur gibt es nichts Absolutes, "sicher genug" ist das Überleben.

• • • ● • ● • • •

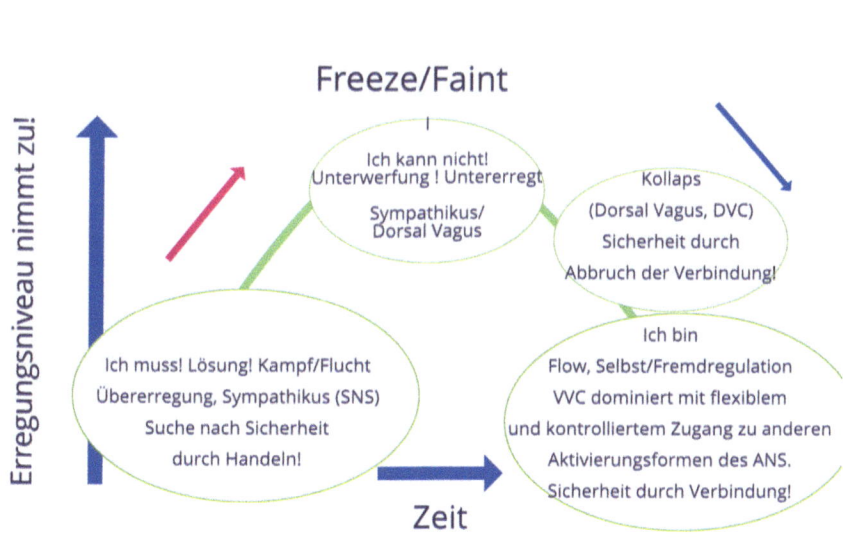

Abbildung 45: Drei Komponenten des ANS, die Reaktion bei Bedrohung.

Neurozeption und Perzeption

Es stellt sich die Frage, warum es Stephen W. Porges so wichtig war, einen neuen Begriff zu prägen, anstatt einfach den allgemein bekannten Begriff "Perzeption" zu verwenden?

Porges prägte diesen Begriff, weil es seiner Meinung nach keinen Begriff gab, der die Art und Weise, wie das Nervensystem Informationen verarbeitet, angemessen beschreibt.

Er suchte daher nach einem Begriff, der in keiner Weise "Denken", "Vorsatz", "Absicht" oder "Willensanstrengung" impliziert.

Der Grund liegt also in der Konnotation, der Bedeutung des Begriffs "Wahrnehmung".

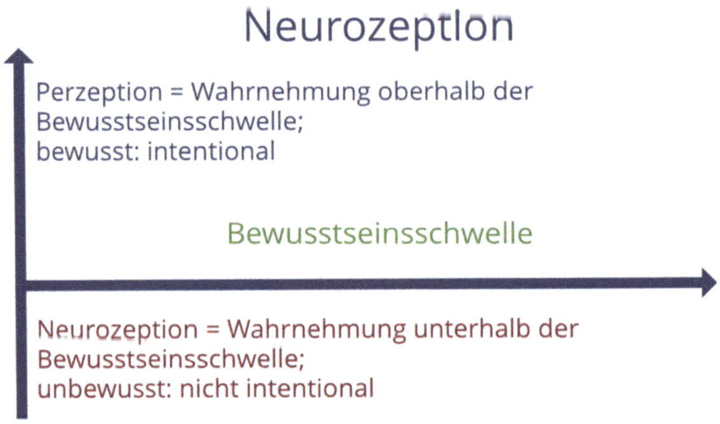

Neurozeption

Perzeption = Wahrnehmung oberhalb der Bewusstseinsschwelle; bewusst: intentional

Bewusstseinsschwelle

Neurozeption = Wahrnehmung unterhalb der Bewusstseinsschwelle; unbewusst: nicht intentional

Abbildung 46: Der Unterschied zwischen Neurozeption und Perzeption (Wahrnehmung)

Der Begriff der Wahrnehmung impliziert erstens Denken, also kognitive und damit bewusste Prozesse.

Zweitens intendiertes, also absichtliches Handeln. Fähigkeiten wie "Denken" oder "intentionales Handeln" sind aber nur mit Hilfe der Teile unseres Gehirns möglich, die zu Prozessen wie "Denken", "Intention" oder "Bewusstsein" überhaupt fähig sind.

Die Frage ist also, ob diese Teile überhaupt erreicht werden, wenn das Gehirn zu einer bestimmten Einschätzung der Situation gelangt?

• • • ● • ● • • •

Die Reihenfolge der Informationsverarbeitung

Die Antwort ist "Nein", denn das Gehirn verarbeitet die aufgenommenen Informationen in einer bestimmten Reihenfolge. Der Hirnstamm ist die Schaltstelle für alle Abstimmungsprozesse zwischen Gehirn und Körper.

Er ist der erste Teil des Gehirns, der die Informationen auswertet, und er ist es, der alle weiteren Verarbeitungsprozesse bestimmen "darf". Neurozeption findet also subkortikal statt.

Das Nervensystem, so Porges, ist funktionell gesehen ein Dreieck, das auf der Spitze steht. Die Polyvagaltheorie spricht von neuronalen Zirkeln, die im Hirnstamm reguliert werden. Sie senden Informationen, die sie vom Körper erhalten, nach oben zu höheren Hirnstrukturen.

Nur wenn wir uns sicher fühlen, haben wir Zugang zu den höheren kortikalen Strukturen. Wenn wir uns aber in Gefahr fühlen oder tatsächlich in Gefahr sind, werden diese höheren Hirnstrukturen gewissermaßen "heruntergefahren" (sie erhalten weniger Sauerstoff und auch weniger Glukose) und wir haben nicht mehr alle kognitiven Fähigkeiten zur Verfügung,

> Man kann sich das vorstellen wie ein Dreieck, das auf der Spitze steht. Unten stehen nur wenige Möglichkeiten zur Verfügung. Nach oben hin wird dieses Dreieck immer weiter, es gibt immer mehr ausdifferenzierte Strukturen und immer mehr Vielfalt.[5]

Das menschliche Nervensystem verarbeitet Informationen also in einer bestimmten Reihenfolge. Diese Reihenfolge verläuft von "unten" nach "oben", vom evolutionär älteren zum evolutionär jüngeren System des Gehirns.

Zuerst erfahren wir, dann fühlen wir und zuletzt denken wir.

Jeder Sinnesreiz durchläuft diese drei Teile des Gehirns. Von unten nach oben. Der Hirnstamm erhält rund eine Fünftelsekunde nach einem Sinneseindruck alle Informationen.

Die Großhirnrinde erreicht den Neokortex eine halbe Sekunde nach dem Sinneseindruck. Diese Zeitdifferenz ist für das Bewusstsein nicht wahrnehmbar, für das Gehirn aber eine sehr lange Zeit, in der der Sinneseindruck viele Stationen durchlaufen und entsprechend verarbeitet werden kann.

Diese Zeitdifferenz macht es auch möglich, dass in unserer Informationsverarbeitung eine Ordnung entsteht. Sie findet zuerst im Hirnstamm, dann im limbischen System und schließlich im Neokortex statt.

Aus dieser Reihenfolge der Informationsverarbeitung lässt sich ableiten, dass wir keinen willentlichen Einfluss auf den Prozess der Neurozeption haben, während er abläuft.

Denn die Zentren, die zu dem fähig sind, was wir "Wille" oder "Absicht" nennen, werden eben zuletzt informiert, wenn die Einschätzung der Situation und damit die Aktivierung einer bestimmten Abwehrreaktion (Fight, Flight, Freeze, Fawn) bereits erfolgt ist.

• • • ● ● • ● ● • • •

Und das hat wiederum Auswirkungen auf die Sichtweise von Verhalten.

> Die Polyvagaltheorie veränderte die Wahrnehmung vieler Verhaltensweisen. Statt sie als intentional gewollte Verhaltensweisen zu sehen, sehen wir sie jetzt als adaptive Reaktionen auf einen Kontext mit dem Ziel, in diesem Kontext am Leben zu bleiben.[6]

Die Möglichkeiten, die uns in einem bestimmten Moment zur Verfügung stehen, unterliegen also nicht unserer bewussten Kontrolle.

Eine traumatisierte Person projiziert das Gefühl der Bedrohung auf die Person, mit der sie interagiert.

So kann es zu einer Diskrepanz zwischen dem Wunsch nach einer guten Beziehung und den Signalen kommen, die Körper und Gehirn empfangen und die zu Abwehrreaktionen führen.

Umgekehrt ist es aber auch problematisch, wenn die Neurozeption nicht funktioniert und Gefahrensignale übersehen werden.

Zusammengefasst bedeutet das: Das ANS verarbeitet Informationen unterhalb der Teile unseres Gehirns, die zu kognitiven Leistungen in der Lage sind. Es reagiert unterhalb des Einflusses der denkenden Teile unseres Gehirns und damit außerhalb unserer bewussten Kontrolle.

Die Entscheidung für eine Abwehrreaktion ist also keine willkürliche Handlung. Sie ist vielmehr das Bestreben unseres Körpers, unser Leben zu retten.

• • • • ● • ● • • •

Welche Informationen werden ausgewertet?

Um eine angemessene Einschätzung vornehmen zu können, wertet unser Nervensystem ständig Informationen aus drei verschiedenen Kategorien aus:

- Informationen aus dem Innersten unseres Körpers, der Viszera

- Informationen aus der Umgebung, also Sinneseindrücke

- Informationen aus den Beziehungen zu einem anderen Nervensystem (in der Regel zum Nervensystem eines anderen Säugetieres)

• • • ● • ● • • •

Informationen aus dem Innersten unseres Körpers

Das sind alle Informationen über den physiologischen Zustand unseres Körpers zu einem bestimmten Zeitpunkt.

Haben wir Hunger? Durstig? Verletzt? Gesund? Wie hoch ist unser Blutdruck?

Außerdem erhält der Hirnstamm Informationen darüber, wie wir uns gerade bewegen, ob wir sitzen, stehen, schlafen, jagen, von welchen Hormonen wir zu viel, von welchen zu wenig haben, ob wir genügend Sauerstoff im Blut haben und ob das Herz angemessen schnell schlägt, was wir gegessen haben, wie hoch der Blutzuckerspiegel ist, ob die Blase voll oder leer ist, ob wir Schmerzen haben oder gesund sind.

Das Gehirn erhält Informationen über unsere Position im Raum, ob sich die Gelenke bewegen oder nicht. Es erhält Informationen über die Umgebung, z.B. ob die Außentemperatur warm oder kalt ist.

Es erhält Informationen über unser inneres Milieu, zum Beispiel darüber, ob unsere Körpertemperatur noch im erforderlichen Bereich zwischen 36,3 und 37,4 °C liegt. Das Gehirn erhält ständig Informationen über alle chemischen und neuronalen Vorgänge im Körper.

• • • • • • • • • • •

Informationen aus der Umgebung:

Dazu gehören alle peripheren Sinneseindrücke, was wir sehen, hören, riechen, schmecken und fühlen.

Informationen, die aus der Kommunikation mit einem anderen (Säugetier-)Nervensystem stammen:

Das sind natürlich auch Sinneseindrücke aus der Umwelt, gemeint ist hier, dass wir wahrnehmen, wie ein anderer Mensch oder ein anderes Säugetier gerade emotional und physisch organisiert ist. Ist er uns freundlich gesinnt? Steht er unter Stress?

$$\cdot \; \cdot \; \bullet \; \bullet \; \cdot \bullet \; \cdot \bullet \; \bullet \; \cdot \; \cdot$$

Informationen aus Beziehungen

Die zwischenmenschlichen Informationen, die durch den Prozess der Neurozeption verarbeitet werden, sind die wichtigsten Informationen, mit denen sich die Polyvagaltheorie beschäftigt. Im Kontakt mit anderen Menschen ermöglicht uns die Neurozeption den Unterschied zwischen "charmant" und "unheimlich" wahrzunehmen.

Hier werden vor allem nonverbale Signale ausgewertet.

$$\cdot \; \cdot \; \bullet \; \bullet \; \cdot \bullet \; \cdot \bullet \; \bullet \; \cdot \; \cdot$$

Neurozeption und innerer Dialog

Menschen sind, wie es der Philosoph Alfred Korzybski formuliert hat, die bedeutungsgebende Klasse des Lebens.[7]

So entwickeln wir aus dem, was als wortlose Erfahrung, als Teil der Neurozeption unterhalb der Bewusstseinsschwelle beginnt, eine Erzählung, eine Geschichte, die unser tägliches Leben zu formen beginnt.

Die gute Nachricht ist, dass wir lernen können, auf unseren inneren Dialog zu hören. Wir können auch wahrnehmen, in welchem physiologischen Zustand wir uns befinden, wenn wir eine bestimmte Geschichte entwickeln.

Denn was uns sehr schwer fällt, eben weil der Prozess der Neurorezeption unterhalb der Bewusstseinsschwelle abläuft, ist, die Auslöser zu erkennen, die über die Neurorezeption eine Veränderung der Arbeitsweise unseres ANS ausgelöst haben.

Leichter ist es, die körperlichen Anzeichen dafür zu erkennen, welche der drei Abwehrstrategien gerade aktiviert ist.

Jede der drei Abwehrstrategien ist, so Deb Dana, mit bestimmten Gefühlen und einem bestimmten inneren Dialog verbunden. [8]

Sicherheit – das soziale System (VVC) ist aktiv

Wenn das soziale System ausreichend aktiv ist, fühlen wir uns im Fluss. Wir fühlen uns verbunden, warm, herzlich, neugierig, engagiert, organisiert, leidenschaftlich. Das grundlegende Gefühl ist Sicherheit.

Wenn wir Aufgaben zu erledigen haben, haben wir das Gefühl, alle Ressourcen zur Verfügung zu haben und wir haben das Gefühl, es fließt, es geht leicht. Es geht leicht!

Der innere Dialog mit sich selbst und mit der Welt ist derselbe:

- "Ich bin okay, ich bin in Ordnung!"

- "Die Welt ist gefüllt mit neuen Möglichkeiten!"

• • • • ● ● • ● ● • •

Gefahr – Aktivierung des Sympathikus (SNS)

Wenn der Sympathikus aktiviert ist und unsere Neurozeption "Gefahr" detektiert hat, wird diese Aktivierung von folgendem Erleben begleitet:

Wir fühlen uns unkontrolliert, energiegeladen, überfordert, wütend, angriffslustig, streitsüchtig oder auf der Flucht.

Das Grundgefühl ist Chaos.

Aufgaben fallen schwerer, bekannte Lösungen werden bevorzugt, die Kreativität ist eingeschränkt.

Der innere Dialog mit sich selbst und der Welt lautet sinngemäß:

- "Ich bin verrückt, toxisch, krank, chaotisch."

- "Die Welt ist unfreundlich, beängstigend, unkalkulierbar."

• • • ● • ● • • •

Lebensgefahr – Aktivierung des dorsalen Parasympathikus (DVC)

Schätzt die Neurozeption die Situation als lebensbedrohlich ein, löst dies folgende Emotionen aus:

Man fühlt sich dunkel-neblig, verschwommen, verwirrt, konfus. Das Grundgefühl ist Dunkelheit.

Man hat keinen klaren Fokus, bevorzugt Tagträume, lebt mit zerstreuter Aufmerksamkeit. Man erlebt die Situation als hoffnungslos, fühlt sich hilflos, vom Körper getrennt, depersonalisiert, "nicht da", heruntergefahren, ohne Kontakt.

Aufgaben können kaum noch bewältigt werden oder werden aufgeschoben (Prokrastination).

Der innere Dialog mit sich selbst und der Welt lautet sinngemäß:

- "Ich bin nicht liebenswert, ich bin unsichtbar, isoliert, völlig allein, keiner wird mich finden."

- "Die Welt ist kalt, leer, unbewohnbar."

• • • • • • • • • •

Dysfunktionale Neurozeption

Wenn unsere Neurozeption funktioniert, ist das ANS in der Lage, die angemessene Menge an Energie für eine angemessene Reaktion auf eine gegebene Situation bereitzustellen. Wenn es jedoch nicht funktioniert, können zwei Arten von Problemen auftreten:

- Die Neurozeption schätzt Situationen konstant als gefährlich ein, wenn sie es nicht sind.

- Die Neurozeption schätzt Situationen als ungefährlich ein, wenn sie es sind.

· · · ● · ● · · ·

Neurozeption schätzt konstant als bedrohlich ein

Wenn es einem Menschen nicht möglich ist zu erkennen, ob er in Sicherheit ist oder nicht, reagiert der ANS mit einer konstanten Alarmbereitschaft. Diese Menschen können sich nie wirklich beruhigen.

Die Wahrnehmung der Situation in der sozialen Interaktion ist verzerrt. Verhaltensweisen und Gesichtsausdrücke, die keine Bedrohung signalisieren, werden als bedrohlich empfunden.

Das bedeutet: Eigentlich angemessenes, spontanes soziales Verhalten wird durch Abwehrreaktionen und/oder regelrecht asoziales Verhalten (Lügen, Betrügen, Beschimpfen) ersetzt.

• • • ● • ● • • •

Neurozeption schätzt konstant als ungefährlich ein

Auf der anderen Seite sind Menschen, die nicht in der Lage sind, sich zu verteidigen, wenn sie es sollten, ebenfalls in Schwierigkeiten, insbesondere in missbräuchlichen Beziehungen oder in risikoreichen Umgebungen.

In diesem Fall signalisiert die Neurozeption nicht, dass die Situation gefährlich oder sogar lebensbedrohlich ist, obwohl sie es eigentlich sollte. Diese Personen behalten ihre sozialen Verhaltensweisen auch in Umgebungen bei, in denen es angemessener wäre, sich zu verteidigen oder z.B. Wut und Aggression zu zeigen.

Das ist der Grund, warum z.B. Frauen, die als Kinder sexuell missbraucht wurden, später so häufig in gefährliche Situationen oder Begegnungen geraten. Ihre Neurozeption wurde während des Missbrauchs verzerrt - sie haben nicht gelernt, gefährliche Personen richtig einzuschätzen, da der Missbraucher oft ein Vater, Bruder oder ein anderer vertrauter Mann in ihrem Umfeld war.

Seth Porges, der Sohn von Stephen W. Porges, drückte es so aus:

Wenn unsere Neurozeption nicht funktioniert, sind wir in Gefahr, denn Menschen signalisieren, ob sie gefährlich sind oder nicht. Wenn wir jemanden treffen, der gefährlich ist und unser Gehirn erkennt ihn nicht als gefährlich, dann stellen wir eventuell zu viel körperliche Nähe zu ihm her, sodass er uns verletzen oder töten kann.[9]

Fehlreguliertes Nervensystem

Nervensystem chronisch überaktiv (Sympathikus)

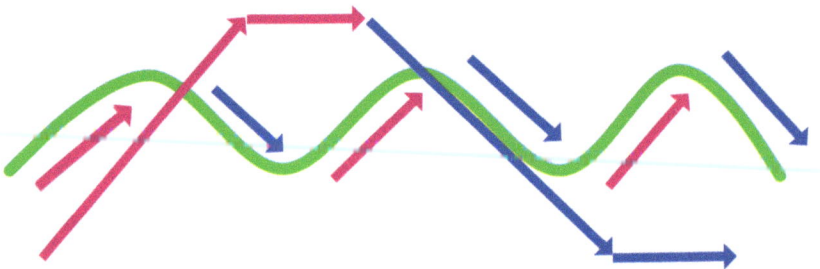

Nervensystem chronisch unteraktiv (Parasympathikus)

Abbildung 47: Ein dysreguliertes Nervensystem führt zu einer inadäquaten Neurozeption.

Zwei Arten von Sicherheit

Im Englischen gibt es zwei Begriffe, die beide mit "Sicherheit" übersetzt werden. Diese beiden Begriffe sind "safety" und "safeness". Sie werden wie folgt unterschieden:

"Safety" meint in erster Linie das Gefühl, physisch sicher zu sein. "Safeness" ist der Begriff für das Erleben von emotionaler oder psychologischer Sicherheit.

Unser Nervensystem hat sich entwickelt, um Sicherheit im physischen Sinne zu gewährleisten, denn sie ist die Voraussetzung für die Erhaltung des Individuums und der Art.

Aus evolutionären Gründen ist unser Nervensystem in erster Linie darauf ausgerichtet, uns schnell und effizient in physische Sicherheit zu bringen, sobald es eine reale physische Bedrohung wahrnimmt. Wir sind darauf "geeicht", vor allem auf konkret sichtbare Bedrohungen außerhalb unserer Haut zu reagieren, sei es der berühmte Säbelzahntiger, ein Gewittersturm oder ein menschlicher Angreifer.

Das ist einer der Gründe, warum wir Bedrohungen, die wir nicht sehen können, oft so falsch einschätzen - Bedrohungen, die wir nicht sehen können, die aber trotzdem sehr gefährlich werden können.

Das können Viren sein, psychisch toxische Beziehungen oder Atomkraftwerke. Es fällt uns schwer, etwas als gefährlich oder gar lebensbedrohlich einzuschätzen, was wir nicht wirklich sehen können.

Für Tiere gilt, dass sie sich in der Regel auch innerlich sicher fühlen, sobald ihr Nervensystem ihnen signalisiert, dass sie körperlich sicher sind. Für Menschen gilt das nicht. Menschen können sich emotional sehr unsicher und bedroht fühlen, obwohl sie physisch in Sicherheit sind. Sie können sich aber auch innerlich ruhig und sicher fühlen, obwohl sie sich physisch in Gefahr befinden.

Ich habe Porges nirgends von "safeness", also psychologischer Sicherheit sprechen hören, sondern immer nur von "safety". Porges verwendet aber an vielen Stellen den Begriff "safety" als Äquivalent zu "safeness". Er unterscheidet nicht immer zwischen physischer und psychischer Sicherheit.

Unser Nervensystem tut das wohl auch nicht, es reagiert auf einen Mangel an innerer Sicherheit oft genau so, als wäre eine Erinnerung oder ein inneres Bild eine tatsächlich von außen kommende, reale physische Bedrohung. Das ist die Ursache der meisten zwischenmenschlichen Schwierigkeiten.

• • • ● • ● • ● • •

Angeboren oder erlernt?

Die Frage, ob die Deutung bestimmter Signale oder Signalgruppen angeboren oder erlernt ist, ist eine der offenen Fragen der Polyvagaltheorie.

> Die Polyvagaltheorie, so Porges, sucht nach Charakteristika innerhalb der Umwelt, die das Gefühl suggerieren, man wäre in Sicherheit.[10]

Dies spricht für die Hypothese, dass es eine Art angeborene Wahrnehmung für bestimmte Signale aus der Umwelt gibt, die als sicher gelten.

Die Hinweise von Porges auf die Funktion des Mittelohrknochens (siehe auch Kapitel 4) zeigen, dass die Reaktion auf bestimmte Frequenzen angeboren sein kann. Dennoch kann die ausgelöste Reaktion beim Menschen durch Erfahrung moduliert werden.

Porges zitierte auch immer wieder Untersuchungen an Babys, die darauf hindeuten, dass auch das Erkennen von zugewandten oder abgewandten Gesichtsausdrücken angeboren ist (Still-Face-Experimente).[11]

Der größte Teil der Neurozeption, das betont vor allem Deb Dana immer wieder, ist aber nicht angeboren, sondern durch Lebenserfahrung erlernt.[12]

Wir lernen, Signale als gefährlich, lebensbedrohlich oder sicher zu interpretieren. Das ist eine Fähigkeit, eine konditionierte Reaktion, und das ist Hoffnung und Gefahr zugleich.

Denn das Wissen um die Konditionierung ist eine große Chance, die wir als Menschen haben, aber auch eine große Gefahr, wenn wir uns dieser Tatsache nicht bewusst sind.

Je weniger wir uns unseres psycho-physiologischen Zustandes bewusst sind, desto mehr sind wir der Neurozeption und der daraus resultierenden Aktivierung des ANS ausgeliefert.

Der Mensch ist nicht unbedingt in der Lage, die Auslöser, die ihn zu einer Abwehrreaktion veranlassen, schnell genug zu erkennen.

Was Menschen jedoch tun können, ist, ihre körperlichen Reaktionen wahrzunehmen und zu lernen, sie einem der drei adaptiven Systeme zuzuordnen.

Sie können bemerken, ob ihr Herz schneller schlägt, ob sie sich lebendig oder gelähmt fühlen, ob sie sich in Kontakt oder isoliert fühlen. Menschen können lernen, ihren psycho-physiologischen Zustand zu einem bestimmten Zeitpunkt einem der drei Systeme zuzuordnen: dem ventralen Vagus (VVC), dem Sympathikus (SNS) oder dem Parasympathikus (DVC).

• • • • • • • • • • •

Daraus lassen sich Rückschlüsse ziehen, wie ihr ANS eine Interaktion deutet. Wenn sie sich ständig im Kampf- oder Fluchtmodus befinden, ist dies ein Hinweis darauf, dass ihre eigene Neurozeption möglicherweise fehlgeleitet ist.

Die körperliche Reaktion kann auch ein Hinweis darauf sein, ob ein Wechsel von einem System zum anderen stattgefunden hat. Menschen können lernen, ihre körperlichen Reaktionen wahrzunehmen und festzustellen, ob sie sich sicher fühlen oder nicht.

1. (Übersetzung von Inke Jochims) (Porges, 2016)

2. Porges, 2005

3. Porges, 2011

4. Übersetzung von Inke Jochims; Porges, 2020

5. Porges, 2020

6. Übersetzung von Inke Jochims; Porges, 2020

7. Korzybski, 1921

8. Dana, 2018

9. wiedergegeben und zusammengefasst von Inke Jochims;   Porges, 2017

10. Übersetzung von Inke Jochims; Porges, 2017

11. Porges, 2016

12. Dana, 2018

ERLEBEN UND VERHALTEN

In diesem Kapitel möchte ich die Formen des Denkens, Fühlens, Verhaltens und Erlebens beschreiben, die mit der Aktivierung eines der drei Zirkel einhergehen.

Stephen W. Porges hat drei neuronale Zirkel und zwei so genannte Hybridzustände, zwei Mischformen, beschrieben.

Welche Erlebnisformen, welche Gefühle, welche Art zu denken, welche Art von Kontakt sind mit welcher Aktivierung des ANS verbunden?

Was sehen, hören oder fühlen wir bei uns selbst und bei anderen?

Alle drei neuronalen Zirkel können sowohl in "guten" Zeiten für Aufgaben aktiviert werden, in Zeiten ohne bedrohliche Herausforderung, als auch in Zeiten der Bedrohung für Defensivstrategien rekrutiert werden.

Für alle drei Systeme gibt es defensive Strategien und positive Gelegenheiten.

Neben den drei Hauptsystemen gibt es zwei Hybridsysteme. Bei beiden Hybridsystemen ist zwar ein Defensivsystem aktiv, aber das VVC, das soziale System, hat immer noch die Führung.

Die "normalen" Fähigkeiten der drei Zweige des ANS (ohne Stress)
"Die ultimative Überlebensmaschine"

Soziales System	Sympathikus	Parasympathikus
Liebe	Sexuelle Klimax	Ruhe und Erholung
Transaktionen	Extase/Lustschreie	Meditative Zustände
Soziale Struktur &	Mobilisierung	Sexuelle Erregung
Hierarchien	Essen, Wachheit &	Schlaf
Sprache	Stoffwechsel der	Grundumsatz,
Empathie	großen Muskeln	(Herz, Atmung,
Kontakt		Verdaung)

Abbildung 48: Die Aufgaben der drei Zweige des ANS.

Überblick über die Zustände des ANS

I   Aktives soziales System (VVC)
Myelinisierter Vagus
VVC-Komplex   Soziale Kommunikation, Selbstberuhigung, hemmt sympathisch-adrenale Einflüsse
II   Mobilisierung mit Angst (SNS)
Sympathisch-adrenales System (SNS, sympathisches Nervensystem) Mobilisieren, aktive Vermeidung, Kampf oder Flucht
III Immobilisierung mit Angst (DVC)
Nicht-myelinisierter Vagus (DVC) Immobilisierung, passive Vermeidung, sich tot stellen, Shutdown, Dissoziation, sich betäubt fühlen
IV Mobilisierung ohne Angst, Sympathikus-Aktivierung (SNS) unter der Führung des sozialen Systems (VVC)
Spiel, Rennen, alle Formen von Aktivierung, ohne dass das Individuum die bereitgestellte Energie für einen Kampf oder eine Flucht nutzen möchte
V   Immobilisierung ohne Angst, Aktivierung des parasympathischen Systems (DVC) unter der Führung des sozialen Systems (VVC)
Meditation, Lernen, Bindung, soziale Kontakte, Sexualität, alle Formen freiwilliger Immobilisierung.

Abbildung 49: Die von Porges beschriebenen Konfigurationen des ANS Rosenberg, 2017, Porges, 2011

• • • • ● • ● • • •

Das soziale System (VVC)

Ventraler Vagus (VVC) ist aktiv.

Möglich werden Bindungen (Miteinander) und Co-Regulation.

Vater und Baby in Co-Regulation   Co-Regulation zwischen zwei „Säugeteieren"

Abbildung 50: Das soziale System (VVC) ist aktiviert.

• • • ● • ● • ● • •

Wenn das soziale System (VVC) aktiviert ist, ist auch der evolutionär jüngste Teil unseres Nervensystems aktiv.

Dieser Teil wird, wie schon mehrfach beschrieben, nur dann (ausreichend) aktiviert, wenn die Situation als sicher empfunden wird.

Menschen, die Zugang zu ihrem sozialen System (VVC) haben, können mit einer Haltung der Präsenz zu sich selbst, zu anderen und zu ihrer Umgebung in Beziehung gehen.

Der Gesichtsausdruck ist voller Energie, die Gesichtsfarbe gesund, die Haut gut durchblutet. Wenn man Menschen mit aktiviertem VVC ins Gesicht schaut, sieht man Lebendigkeit und Ausdrucksstärke, das Gesicht wirkt bezogen und engagiert.

Diese Menschen haben auch eine Ausstrahlung, die als angenehm empfunden wird. Die Energie um sie herum wirkt sanft, bewusst, offen, sie sind in Kontakt. Sie strahlen Sicherheit, Verlässlichkeit und Wohlbefinden aus.

Diese Menschen können gut Grenzen setzen und die Grenzen anderer wahrnehmen und respektieren.

• • • • • • • • • •

Orientierung

Die Orientierung erfolgt abwechselnd nach außen und nach innen, je nach Situation. Bei der Orientierung nach außen wird die sogenannte explorative Orientierung praktiziert.

Das bedeutet: Der Mensch erkundet lustvoll seine Umgebung, nicht um Gefahren zu lokalisieren, sondern um Neues zu erfahren und zu lernen.

Bei der Orientierung nach innen können körperliche Empfindungen und Gefühle bewusst und sinnvoll wahrgenommen und beschrieben werden.Die Orientierung erfolgt je nach Situation abwechselnd nach außen und nach innen. Bei der Orientierung nach außen wird die so genannte explorative Orientierung praktiziert.

Das bedeutet: Der Mensch erkundet lustvoll seine Umgebung, nicht um Gefahren zu lokalisieren, sondern um Neues zu erfahren und zu lernen.

Bei der Orientierung nach innen können körperliche Empfindungen und Gefühle bewusst und sinnvoll wahrgenommen und beschrieben werden.

Hörfähigkeit

Es fällt Menschen leicht, die Frequenzen menschlicher Sprache aus Hintergrundgeräuschen herauszufiltern. Wenn das soziale System aktiv ist, können Menschen gut hören, was der andere sagt, und gut zuhören.

Prosodie

Der Begriff "Prosodie" umfasst alle Aspekte der Sprache, die nichts mit der unmittelbaren Bedeutung zu tun haben, z.B. Satzmelodie, Intonation und Sprechlautstärke.

Wenn das soziale System aktiv ist, klingt die Stimme melodisch, lebendig und klangvoll. Sätze und Wörter werden angemessen betont. Man spricht weder zu laut noch zu leise.

Die Prosodie ist ein wichtiger Indikator dafür, ob sich eine Person sicher fühlt oder nicht.

Im Kontakt mit Kindern ist es der mütterliche Gesang, der das Baby beruhigt und sicher einschlafen lässt.

Porges hat gezeigt, dass alle großen Symphonien im Frequenzbereich der weiblichen Stimme beginnen.[1] Der Grund dafür ist, dass die weibliche Stimme höher ist als die männliche. Die männliche Stimme wird oft mit Gefahr assoziiert. Warum? Weil sie der Frequenz ähnelt, mit der Raubtiere "brummen" oder "knurren".

Visuelles System

Wenn das soziale System aktiv ist, sind freie Assoziationen möglich. Der Mensch hat die Fähigkeit, Visualisierungen konstruktiv zu nutzen, indem er sich z.B. ein zukünftiges Haus oder einen zukünftigen Wohnort, einen Film, ein Bild etc. genau vorstellt.

Er wird nicht von seinen eigenen inneren Bildern überwältigt, sondern kann sie mit Präsenz und innerer Distanz betrachten.

• • • • ● • ● • • •

Kognitive Möglichkeiten

Da die Kapazität des Neokortex zur Verfügung steht, haben Menschen die Möglichkeit, Probleme auf kreative und möglicherweise innovative Weise zu lösen.

Das analytische und logische Denkvermögen steht voll zur Verfügung. Der Mensch ist auch in der Lage, seine Zeit angemessen einzuteilen, Termine einzuhalten oder richtig einzuschätzen, wann und unter welchen Umständen dies nicht möglich ist.

Menschen mit einem aktiven sozialen System haben das Gefühl, Aufgaben kognitiv kompetent lösen zu können. Mehrdeutige Aussagen und Meinungen können ausgehalten werden.

Sie sind offen für Neues, weil sie das Neue als Herausforderung sehen können und glauben, über die Ressourcen zu verfügen, um mögliche Anforderungen bewältigen zu können. Alle kognitiven Fähigkeiten stehen zur Verfügung, das Gehirn ist in der Lage, den eingehenden Input zu bewältigen und vollständig zu verarbeiten.

Diese Menschen sind in der Lage, die großen Zusammenhänge zu sehen und zu verknüpfen.

Es ist, metaphorisch gesprochen, der anwesende Erwachsene, ein Zeuge, der wahrnehmen kann, was geschieht.

• • • ● ● • ● ● • • •

Emotionale Möglichkeiten

Die Gefühle, die empfunden werden können, wenn der Neokortex aktiviert ist, sind komplexe positive Gefühle wie Gelassenheit, Dankbarkeit, Anerkennung, Glück und Liebe.

Es gibt aber auch modifizierte negative Gefühle wie angemessene Wut oder berechtigte Sorge (statt panischer Angst).

Wenn das soziale System aktiv ist, sind alle Gefühle erlaubt. Ein aktives soziales System (VVC) ist nicht ein Zustand des illusorischen "sich gut fühlen". Auch wenn Emotionen kurzfristig unangenehm sind, können sie angemessen verarbeitet und reguliert werden.

Die mit Emotionen verbundenen körperlichen Empfindungen können angemessen benannt und bewusst beschrieben werden.

Emotionen können bewusst "gefühlt" werden. Es kann unterschieden werden zwischen Emotionen, die aus der Gegenwart stammen, also eine angemessene Reaktion auf das aktuelle Erleben sind, und solchen, die aus der Vergangenheit stammen und ausgelöst wurden.

Man fühlt sich durch Erinnerungen aus der Vergangenheit nicht regrediert oder bedroht.

$$\bullet \,\, \bullet \,\, \bullet \,\, \bullet \,\, \bullet \,\, \bullet \,\, \bullet \,\, \bullet \,\, \bullet \,\, \bullet$$

Herzschlag und Atmung

Die Herzfrequenzvariabilität ist hoch. Atmung und Herzschlag sind synchronisiert. Menschen mit aktivem Vagus haben längere Ausatemzüge als Einatemzüge. Das bedeutet, dass der Vagus häufig genug aktiviert wird, um den Organismus zu beruhigen. Atmung und Herzfrequenz sind der Situation angepasst und die HRV ist, wie gesagt, hoch.

$$\bullet \,\, \bullet \,\, \bullet \,\, \bullet \,\, \bullet \,\, \bullet \,\, \bullet \,\, \bullet \,\, \bullet \,\, \bullet$$

Kontakt zum Körper

Der Körper ist gut spürbar. Die Berührung des Körpers ist warm und angenehm. Körperempfindungen werden bewusst wahrgenommen, auch wenn sie nicht unmittelbar lustvoll sind.

Spontane Bewegungen sind möglich, insgesamt entsteht der Eindruck von Beweglichkeit. Die Körperhaltung ist aufrecht und gestrafft.

Die Haltung ist weder zu locker noch zu angespannt, sie hat genau den richtigen Tonus. Der Hals ist beweglich, der Kopf kann sich dem anderen (oder dem Geschehen) zuwenden.

$$\bullet \ \bullet \ \bullet \ \bullet \ \bullet \ \bullet \ \bullet \ \bullet \ \bullet \ \bullet$$

Gesundheitlicher Zustand

Bei einem starken sozialen System (VVC) sind die Menschen - keine Unfälle oder Erbkrankheiten vorausgesetzt - in der Regel gesund. Wenn sie sich verletzen oder erkranken, heilen Verletzungen oder Krankheiten in der Regel schnell.

$$\bullet \ \bullet \ \bullet \ \bullet \ \bullet \ \bullet \ \bullet \ \bullet \ \bullet \ \bullet$$

Defensivstrategien

Die defensive Strategie dieses Systems ist "Tend and Befriend", d.h. Freundschaften schließen oder soziale Unterstützung suchen. Die Lösung wird in der Kommunikation und im Gespräch gesucht.

Signale für Sicherheit

Die Signale anderer Menschen können richtig wahrgenommen werden. Neutrale Gesichter werden als neutral, ängstliche Gesichter als ängstlich und nicht als verärgert wahrgenommen.[2]

Um sich selbst zu regulieren und zur Homöostase zurückzukehren, sind keine Signale von außen erforderlich.

Ventraler Vagus (VVC) ist aktiv.

Zwei weitere Beispiele für die Körpersprache bei aktivem Vetralen Vagus (VVC)

Zugewandtes glückliches Baby   Zugewandter älterer Mann

Abbildung 51: Gesichtsausdruck bei aktiviertem sozialen System (VVC).

Das sympathische System (SNS)

Sympathikus (SNS) ist dominant aktiv.

Als Verhaltensweisen zeigen sich Kampf (hier im Bild) oder Flucht!

Boxkampf   Kampf zwischen Hunden

Abbildung 52: Mobilisierung mit Angst. Das SNS ist aktiviert.

• • • • ● ● ● ● • • •

Der Sympathikus wird aktiviert, wenn eine Situation als gefährlich oder unsicher empfunden wird.

Das Grundgefühl ist Angst oder Furcht mit einem starken Gefühl der Gefahr. Es ist wie ein Motor, der plötzlich zu schnell läuft.

Das Gefühl ist, dass die Spannung kaum noch auszuhalten ist.

Wenn man mit Menschen in Kontakt ist, deren sympathisches System (SNS) aktiv ist, fühlt man sich nicht mehr sicher, irgendwie unwohl. Sie nehmen kaum oder nur aggressiv Kontakt auf, Blickkontakt wird eher vermieden oder aggressiv genutzt (Anstarren).

Menschen mit aktivem oder hochaktivem Sympathikus erschrecken leicht und wirken auf andere ängstlich.

Das Kontrollbedürfnis nimmt zu. Die Grenzen anderer werden nicht mehr oder nicht ausreichend respektiert. In der Kommunikation überwiegt die Widerstandshaltung.

Die Energie ist im oberen Körperbereich und im Kopf lokalisiert. Es kommt zu einer Überempfindlichkeit gegenüber Licht, Geräuschen oder Bewegungen.

Neutrale Gesichter werden leicht als abweisend und ängstliche Gesichter als ärgerlich wahrgenommen.

Da das Blut aus der Haut nach innen gezogen wird, fühlt sich die Haut klamm und wächsern an. Die Person wirkt eher blass.

• • • ● ● ● ● ● •• •

Orientierung

Die Orientierung ist nach außen gerichtet, aber nicht als lustvolles Erkunden der Umgebung, sondern es wird auf Anzeichen von Gefahr geachtet, es ist also eine Orientierung mit Angst.

Die Pupillen sind erweitert. Der Mensch sucht nach Gefahren außerhalb seiner selbst, insbesondere nach Gefahrensignalen. Eine

Orientierung nach innen wird vermieden, in der ursprünglichen Flucht- oder Kampfsituation wäre eine solche Orientierung gefährlich gewesen.

Es ist ein Zustand, in dem z.B. eine innere Krise dadurch bewältigt wird, dass die Ursache nicht im Inneren, sondern im Außen gesucht wird. Andere werden zu Sündenböcken gemacht und eigene Anteile, die nicht mehr gesehen werden können, werden nach außen projiziert.

Wenn dieses System aktiv ist, fällt es den Betroffenen sehr schwer, still zu sitzen und zu meditieren. Menschen, die sich sehr häufig in diesem Zustand befinden, vor allem als Kinder, werden sehr extrovertiert.

Hörfähigkeit

Ist die Defensivstrategie des SNS aktiviert, kann der Mensch tiefere Frequenzen, also Frequenzen, die in Urzeiten Gefahr signalisierten, besser hören als das, was der andere sagt. Die Folge ist, dass die höherfrequente menschliche Sprache kaum noch gehört und das Gesagte inhaltlich kaum noch verarbeitet wird.

Ein Mensch mit ausgeprägter Aktivierung des SNS kann auch Hintergrundgeräusche nicht gut herausfiltern, weil er zu sehr auf echte oder vermeintliche Gefahren achtet.

Er lauscht auf Anzeichen von Gefahr und kann sich deshalb nicht auf sein Gegenüber konzentrieren, er hört faktisch nicht, was dieser zu ihm sagt. Der betroffene Gesprächspartner empfindet dies in der Regel so, als ob der andere ihm nicht zuhört.

Aus biologischen Gründen hören Menschen mit überaktivem Sympathikus, wie in Kapitel 4 über das Mittelohr beschrieben, die Prosodie sicherer Stimmen einfach nicht. Sie sind biologisch nicht auf die Frequenz einer menschlichen Stimme, sondern auf die Frequenz eines angreifenden Raubtieres eingestellt.

• • • ● ● • ● • • •

Prosodie

Die Stimme klingt gepresst, angespannt, eventuell laut, unmelodisch, schrill. Sie hat entweder sehr unangenehme hohe Frequenzen (Angstschreie) oder dunkle, tiefe Frequenzen (Wut).

• • • ● • ● • • •

Visuelles System

In einer Gefahrensituation sorgt das Gehirn dafür, dass wir uns nicht entspannen. Unter dem Einfluss von Cortisol werden vor allem Bilder der Bedrohung abgespeichert.

Unter dem Einfluss dieses Systems kommt es zu einer starken Fixierung auf innere Bilder. Solange die Aktivierung des Sympathikus nicht nachlässt, können sich die Betroffenen nur schwer von diesen aufdringlichen Bildern lösen.

Diese Bilder sind aufdringlich. Es sind oft scharfe, helle Bilder. Der Mensch hat wenig oder keine Distanz zu diesen inneren Bildern, sie wirken auf ihn überwältigend.

• • • ● ● ● ● • • •

Kognitive Möglichkeiten

Die Kapazität des Neokortex steht nicht mehr in vollem Umfang zur Verfügung, die Menschen beginnen, eingefahrene Routinen als Problemlösungsmöglichkeiten als sicherer zu empfinden, als etwas Neues auszuprobieren.

Schwarz-Weiß-Denken nimmt zu. Ambiguitäten werden immer weniger toleriert.

Je mehr Menschen mobilisiert werden, desto weniger kognitive Kapazitäten stehen ihnen zur Verfügung. Und die, die sie haben, werden gebraucht, um sich nach außen zu orientieren und die Umgebung auf Gefahren hin zu beobachten.

Die Fähigkeit zum logisch-analytischen Denken nimmt daher ab.

Die Gedanken beginnen um ein Thema zu kreisen, der Mensch konzentriert sich zunehmend auf Details und kann die großen Zusammenhänge nicht mehr wahrnehmen, nicht mehr herstellen, nicht mehr verarbeiten.

Dadurch wird es für ihn schwieriger, Aufgaben richtig zu erledigen und auch abzuschließen.

Er ist gedanklich mehr in der Zukunft als in der Gegenwart.

Die Gedanken sind unruhig. Sie beginnen zu rasen. Menschen mit hoher Sympathikusaktivierung lähmen sich selbst durch ihre eigenen Fantasien und Gedanken, die immer schlimmer werden.

Die Fähigkeit, Zeit zu erleben und richtig einzuschätzen, nimmt ab.

Emotionale Möglichkeiten

Die emotionalen Möglichkeiten sind eingeschränkt. Terror und Panik herrschen vor. Das Erregungsniveau ist hoch. Es kommt zu einer explosiven Emotionalität und entsprechenden Verhaltensweisen.

Komplexe Emotionen sind kaum noch möglich, basale, rohe Emotionen dominieren. Andere Menschen und die Welt insgesamt werden als chaotisch, feindlich und gefährlich erlebt. Es kann zu chronischem Ärger kommen, die Person kann cholerisch werden.

Regression tritt schnell ein. Menschen mit chronisch erhöhter Sympathikusaktivierung (SNS) identifizieren sich mit ihrer Angst und haben weniger Kontakt zur Gegenwart, zu gegenwärtigen Beziehungen oder zum gegenwärtigen Raum.

• • • ● • ● • ● • •

Herzschlag und Atmung

Die Herzfrequenzvariabilität nimmt ab.

Die Atmung ist schnell und flach, die Einatmungen sind oft länger als die Ausatmungen, wodurch das Erregungsniveau hoch bleibt. Der Herzschlag ist tachykard, d.h. sehr schnell, über 100 Schläge pro Minute.

Kontakt zum Körper

Der Kontakt zum Körper verschlechtert sich. Es ist z.B. nicht mehr so leicht zu erkennen, wann der Körper satt und wann er hungrig ist.

Außerdem nimmt die Fixierung auf den eigenen Körper zu, denn ein Säugetier, das sich in Sicherheit bringen will, muss sich auf seinen eigenen Körper fixieren.

Beim Menschen kann dies modifizierte Formen annehmen, z.B. Reinigungsgesten, Fixierung auf die Figur, Haare, Körpergewicht etc.

Der Muskeltonus ist sehr hoch, die Muskeln sind angespannt.

• • • ● • ● • • •

Gesundheitliche Konsequenzen

Die ständige Aktivierung des Sympathikus kann folgende gesundheitliche Folgen haben: Bluthochdruck, erhöhte Cholesterinwerte, Schlafstörungen, Gewichtszunahme, Gedächtnisprobleme, Kopfschmerzen, chronische Verspannungen im Nacken- und Schulterbereich, Rückenschmerzen, Magenprobleme und eine erhöhte Anfälligkeit für Krankheiten ("Ich kriege jede Grippe").

• • • ● • ● • • •

Defensivstrategien

Die Abwehrstrategien dieses Systems wurden bereits ausführlich dargestellt, hier noch einmal kurz zur Wiederholung: Es sind Kampf- oder Fluchtstrategien.

Beim Menschen müssen diese Strategien nicht physisch umgesetzt werden, es sind auch scheinbar freundliche sprachliche Handlungen möglich, die den anderen verletzen oder demütigen sollen.

Hier wäre sicherlich noch etwas Forschung wünschenswert, da viele Menschen fälschlicherweise auf den verbalen Inhalt reagieren, ohne auf die körpersprachlich vermittelte Aggressivität zu achten.

Eine Diskussion dieses Phänomens würde den Rahmen dieses Buches sprengen. An dieser Stelle sei nur darauf hingewiesen, dass ein Großteil aller Kampf- und Fluchtaktivitäten des Menschen in unserer Gesellschaft innerhalb der Sprache stattfindet. Das war evolutionär nicht immer so.

Unser Körper ist eher für körperliche als für verbale Auseinandersetzungen geschaffen.

$$\bullet \; \bullet \; \bullet \; \bullet \; \bullet \; \bullet \; \bullet \; \bullet \; \bullet \; \bullet$$

Signale für Sicherheit

Das Wichtigste, was Menschen brauchen, deren Kampf-oder-Flucht-System aktiv ist, um das soziale System (VVC) langsam wieder stärken zu können, ist ein Bündnispartner.

Diese Menschen brauchen keine Appelle an die Vernunft. Solange ein Feind gegen sie aktiv ist oder sie zumindest, zu Recht oder zu Unrecht, das Gefühl haben, dass dies der Fall ist, brauchen sie einen loyalen Verbündeten.

• • • ● • ● • • •

Sicherheit und therapeutisches Handeln

Solange das soziale System (VVC) nicht wieder aktiv ist, ist es nicht der geeignete Moment, Relativierungen vorzunehmen ("Geh doch mal ein Stück in den Schuhen des anderen!").

Solange das defensive System des SNS übernommen hat, wird das eben Genannte eher als mangelnde Loyalität und daher als Angriff wahrgenommen. Eine Person, die sich angegriffen oder bedroht fühlt, möchte hören, dass sie im Recht ist und dass es einen Stammesgenossen gibt, der sagt: "Deine Feinde sind meine Feinde".

Man kann ihm versichern, dass man seine Sorgen sehr ernst nimmt, aber für den Moment möge er das, was er gerade denkt oder fühlt, loslassen.

Man kann das Großhirn reaktivieren, indem man fragt: "Wie wäre es, wenn du neugierig darauf wärst, welches Körpergefühl du gerade spürst?"

Man kann auch lehren (oder für sich selbst lernen), die Atmung zu nutzen. Bauchatmung mit langen Ausatmungen aktiviert den ventralen Vagus und verlängert die Zeit der parasympathischen Aktivierung.

Es gibt eine Technik aus der Hypnotherapie, die ebenfalls sehr schnell zumindest ein Minimum an Sicherheit wiederherstellen kann: Man bittet den Klienten, sich nach außen zu konzentrieren und mindestens drei Dinge zu beschreiben, die er konkret sieht ("Diese Lampe ist gelb"), dann drei Dinge, die er hört, und dann drei Dinge, die er fühlt, aber nicht spürt ("Ich sitze auf dem Stuhl").

Auf keinen Fall sollte man Anweisungen geben wie: "Ja, lass alles raus. So ist es richtig, lass deine Wut raus". Solange das soziale System (VVC) nicht aktiviert ist, können traumatische Erfahrungen und Erinnerungen nicht verarbeitet werden und es kommt zu einer Retraumatisierung.

$$\cdot \; \cdot \; \cdot \; \cdot \; \bullet \; \cdot \; \bullet \; \cdot \; \cdot \; \cdot$$

Sympathikus (SNS) ist dominant aktiv.

Die Emotionen, die einen aktiven SNS begleiten sind Wut und/oder Angst.

Alte Dame mit Gesichtsausdruck in Richtung Angst

Native American mit Gesichtsausdruck in Richtung Angst

Abbildung 53: Gesichtsausdruck mit Angst

• • • • ● • ● • • •

Sympathikus (SNS) ist dominant aktiv.

Die Emotionen, die einen aktiven SNS begleiten sind Wut und/oder Angst.

Wütender Gorilla!   Wütendes Paar!   Wütende Katze!

Abbildung 54: Gesichtsausdruck mit Angst

Mobilisierung ohne Angst

Der SNS (Sympathikus) ist aktiv, aber unter der Kontrolle des gleichzeitig aktiven Ventralen Vagus (VVC).
Das bedeutet, Aggression wird gelebt, aber spielerisch (ohne bewusst intendierte Verletzung des Gegners).

Spielerische Mobilisation unter Hunden!

Spielerische Mobilisation unter Menschen!

Abbildung 55: Mobilisierung ohne Angst.

Alle Säugetiere müssen bis zu einem gewissen Grad lernen, ihre Aggressivität in dem Moment zu hemmen und zu regulieren, in dem sie mobilisiert wird, um weiterhin Teil der lebenswichtigen Gemeinschaft zu sein und um ihre Jungen nicht zu gefährden.

Diese Fähigkeit, einerseits mobilisiert und in Bewegung zu sein, andererseits aber die Mobilisierung nicht in Aggression umschlagen zu lassen, muss auf neuronaler Ebene immer wieder trainiert werden.

Dies zu üben, so Porges, sei die Funktion des Spiels.[3]

Das Spiel läuft so ab, dass einerseits Aggressionen mobilisiert und andererseits durch den Einsatz des sozialen Systems (VVC), in der Regel durch Blickkontakt, gehemmt werden.

Beobachtet man Hunde, die einander spielerisch jagen, so signalisieren sie durch körperliche Signale, die durch regelmäßigen Blickkontakt wahrgenommen werden, dass es sich um ein Spiel und nicht um einen Kampf handelt. Sie regulieren sich gegenseitig durch soziale Signale.

Mit Regulation ist hier gemeint: Sie hemmen die Aggressivität, die die Aktivierung des sympathischen Systems (SNS) mit sich bringen könnte.

Der SNS (Sympathikus) ist aktiv, aber unter der Kontrolle des gleichzeitig aktiven Ventralen Vagus (VVC).

Kinder spielen Fußball. Dabei wird die Fähigkeit eingeübt, einerseits in Bewegung zu sein, aber andererseits die durch die Mobilisierung mögliche Aggressivität zu hemmen.

Spielende Hunde, die zwar spielerisch schnappen aber nicht wirklich kämpfen!

Abbildung 56: Mobilisierung ohne Angst.

Das parasympathische System (DVC)

Das parasympathische System (DVC) ist unser bester Freund, wenn es nicht für eine defensive Strategie rekrutiert wird. Es sorgt für Gesundheit und Wohlbefinden und ist lebenswichtig für eine gesunde Homöostase.

Zum Problem wird dieses System, zumindest empfinden wir es so, wenn es unter Stress für den Shutdown rekrutiert wird.

Der dorsale Vagus (DVC) ist aktiv.

Beispiel für „Fainting". Eine bevorzugte Defensivstrategie von Frauen mit zu eng geschnürtem Korsett. Dieses verhinderte jede Form von Kampf oder Flucht und unterbrach zudem die Sauerstoffzufuhr zum Gehirn.

Beispiel für Dissoziation. Der Gesichtsausdruck ist leer und abwesend.

Abbildung 57: Immobilisierung mit Angst, Shutdown, Herunterfahren.

• • • • • • • • • •

Was passiert, wenn das Gehirn mit zu vielen Eindrücken, seien sie physischer oder informativer Natur, überschwemmt wird, so dass es mit der Verarbeitung nicht mehr nachkommt?

Eine der besten Möglichkeiten, über den Shutdown nachzudenken, besteht darin, sich vorzustellen, dass das Gehirn einen Nachholbedarf an Informationsverarbeitung hat.

Angenommen, es muss zu viel auf einmal verarbeiten, es gibt zu viel Nachholbedarf bei der Informationsverarbeitung. Würde das Gehirn versuchen, zu viele Informationsprozesse gleichzeitig ablaufen zu lassen, wäre es überlastet.

Ein überlastetes System kann zusammenbrechen und dann völlig dysfunktional werden. Daran ist die Natur nicht interessiert. Deshalb versucht sie, einen Teil der Funktionen des Nervensystems zu erhalten. Die Biologie schaltet alles Überflüssige ab, das ist besser, als das ganze System zusammenbrechen zu lassen.

Das Prinzip der Biologie lautet: Das Wichtigste ist, das System zu erhalten. Wir dürfen nicht dysfunktional werden.

Wenn das parasympathische System (DVC) überwiegend aktiv ist, ändern wir uns daher nicht. Eine erfolgreiche Therapie oder ein Coaching sind dann schwierig und wir versuchen, möglichst wenig Veränderung in unser Leben zu integrieren.

Unsere Biologie stellt dafür keine Energie mehr zur Verfügung.

Dieses System schätzt, wie alle biologischen Systeme, Stabilität, Gleichheit und Monotonie. Jede Veränderung kostet Energie, und die spart man sich am besten für echte Notfälle.

Aus biologischer Sicht ist das so: Auch wenn das System im Moment nicht so gut funktioniert - immerhin funktioniert es, es ist in eingeschränktem Maße noch leistungsfähig.

Das ist es, was die Biologie unbedingt erhalten will: Es ist besser, auf niedrigem Niveau zu funktionieren, als ein zu hohes Niveau anzustreben und dann möglicherweise endgültig zu zerbrechen, dysfunktional zu werden. Ein System, das einmal durch Überlastung zu stark geschädigt wurde, kann nie wieder richtig funktionieren und uns dann in Lebensgefahr bringen.

Deshalb werden während des Abschaltens alle Belastungen reduziert, die nicht dem unmittelbaren Überleben dienen: die Verarbeitung von körperlichen Empfindungen, Emotionen und Bewegungen. Das gibt dem Gehirn die Chance, das zu verarbeiten, was verarbeitet werden muss. Es spart lebensnotwendige Kapazitäten. Es wird nicht zusätzlich mit der Bewusstmachung von Sinneseindrücken belastet. Es hört auf, das zu leisten, was nicht unmittelbar dem Überleben dient, und das ist unter anderem der emotionale Ausdruck. Es hört auch auf, überflüssige Bewegungen auszuführen.

Beim Menschen ist der Shutdown mit der Physiologie von Scham und Depression verbunden. Wenn dieses System aktiv ist, ist der Kontakt zu anderen Menschen sehr eingeschränkt. Es besteht ein starkes Gefühl der Isolation. Es besteht auch eine hohe Bereitschaft, sich unterzuordnen. Es steht sehr wenig Energie zur Verfügung, sehr wenig Lebenskraft, der ganze Organismus ist passiv.

Es gibt nur noch sehr wenige Möglichkeiten, eigene Grenzen zu setzen oder überhaupt wahrzunehmen. Das Gesicht wird ausdruckslos, die Muskeln bewegen sich weniger. Im Gesicht entsteht ein Ausdruck von "nicht da sein", "abwesend sein".

Dieser Zustand ist durch eine starke Dissoziation gekennzeichnet (Dissoziation bedeutet: man trennt sich von seinen Gefühlen, von seinen körperlichen Empfindungen, aber auch von Beziehungen).

Es besteht kaum noch eine Verbindung zu anderen Menschen und es fehlt auch die Kraft, diese herzustellen, eventuell ist auch der Wunsch nach mehr Kontakt bereits erloschen.

Das Grundgefühl ist: "Ich bin sehr weit weg, ich bin nicht mehr da. Ich bin allein und niemand aus meinem Stamm kann mich noch retten oder finden. Niemand kann mir mehr helfen. Ich bin völlig isoliert."

"Um nicht entdeckt zu werden, mache ich so wenig Lärm wie möglich. Ich will nicht fühlen müssen, eigentlich will ich nicht sein müssen. Wenn ich etwas fühle, dann Verzweiflung. Ich bin verlassen, irgendwie im Nebel, unkonzentriert und müde. Vor allem zu müde, um mich zu bewegen oder zu handeln. Die Welt ist leer, tot und dunkel.

Kinder zum Beispiel, die beschimpft oder misshandelt werden, haben das Gefühl: "Ich will nicht hier sein. Ich will weg."

Sie dissoziieren, gehen mit ihrem Erleben woanders hin und spalten die Gefühle so ab, dass sie den Schmerz nicht mehr so stark spüren. Die gewohnheitsmäßige Aktivierung des Abschaltens als Abwehrstrategie entsteht durch wiederholte traumatische, überwältigende Erfahrungen, die gemacht wurden, bevor die Fähigkeit zur Abwehr entwickelt wurde.

Für traumatisierte Menschen ist es oft unmöglich, überhaupt still zu sitzen. Der Hinweis oder die Aufforderung, still zu sitzen, ist in diesem Fall ein extrem angstauslösendes Signal.

Das, was ich später als "angstfreies Stillsitzen" bezeichnen werde, die Fähigkeit, in der Gegenwart eines anderen Menschen angstfrei still zu sitzen, was auch die Voraussetzung für Bindungsfähigkeit ist, ist einem traumatisierten Menschen nicht möglich.

Ein Trauma geht sehr häufig mit dem Gefühl der körperlichen Wehrlosigkeit einher. Das Gefühl, wieder wehrlos und körperlich hilflos zu sein, stellt daher für traumatisierte Menschen bereits eine erhebliche Belastung dar und wird unter allen Umständen vermieden.

• • • ● • ● • ● • •

Orientierung

Die Betroffenen sehen nicht mehr viel von ihrer Umgebung. Die Erfahrung, die immer wieder gemacht wird, ist: Man sieht nicht mehr, was man sieht.

"Ich höre auf zu sehen, was um mich herum ist". Wenn diese Reaktion aktiv ist, schränkt die betroffene Person ihre Fähigkeit, das zu sehen, was um sie herum ist, ein und "tötet" sie.

Psychologen sprechen von einem Abwehrmechanismus namens "Verleugnung", wenn sie diese Reaktion bei einem Klienten beobachten.

Auf diese Weise wird die Orientierungsreaktion geschädigt. Menschen leben in einer toxischen Umwelt. Diese überfordert sie, und um in Sicherheit zu bleiben, hören sie auf zu sehen oder zu hören, was um sie herum geschieht. Dies wiederum schränkt natürlich die Fähigkeit zur explorativen oder positiven Orientierung stark ein.

Die Weigerung, wahrzunehmen, was ist, kann sich nur auf bestimmte Themen oder Kontexte beziehen. Beispielsweise darf in Haushalten, in denen der Ernährer alkoholabhängig ist, diese Tatsache oft nicht gesehen, gehört oder gefühlt, geschweige denn benannt werden. Die Kinder lernen also, nicht zu sehen, was ist. Zuerst lernen sie, das Alkoholproblem des Vaters nicht zu sehen, aber die Fähigkeit, nicht zu sehen, kann sich verallgemeinern, und in der Folge nehmen diese Menschen oft viel zu wenig wahr.

Das ist einer der Gründe, warum Menschen im dissoziierten Zustand oft Unfälle verursachen - sie hören auf, sich zu orientieren. Sie sehen nicht mehr, dass ein anderes Auto auf sie zukommt und gefährlich wird. Sie sind nicht bei sich und stolpern über die Bordsteinkante. Weil sie nicht sehen können, wohin sie das Messer führen, schneiden sie sich.

Anders als im zuvor beschriebenen Sympathikus (SNS) geht die Orientierung im Freeze-Zustand zu stark nach innen. Menschen, bei denen dieser Zustand in der Kindheit vorherrschte, sind oft sehr introvertiert. Sie wirken auf ihre Umwelt diffus und unklar.

• • • ● ● • ● ● • •

Hörfähigkeit

Da alles Überflüssige vermieden wird, ist die Fähigkeit, den anderen zu verstehen, kaum noch vorhanden.

• • ● ● • ● ● • •

Prosodie

Die Betroffenen sprechen monoton, schleppend, gleichförmig und dumpf wie ein Roboter oder eine Computerstimme.

Es gibt weniger Bewegung in der Stimme, sie wird flacher. Zum Beispiel beginnt das Gehirn, den Rhythmus der Stimme zu reduzieren.

Die Stimme vibriert nicht, sie will keine Aufmerksamkeit erregen.

Visuelles System

Das visuelle System verarbeitet innere Bilder als äußere Eindrücke. Diese Bilder sind aber nicht klar und scharf wie bei der sympathischen Aktivierung (SNS), sondern diese inneren Bilder sind verschwommen, unklar und kommen vereinzelt.

Die Assoziationsketten haben sich aufgelöst, so dass die entsprechenden Bilder eher zufällig auftauchen.

Kognitive Möglichkeiten

Für Menschen in diesem Zustand stehen nur noch sehr wenige kognitive Möglichkeiten zur Verfügung.

Das Gehirn versucht alles zu vermeiden, was neuen Input bedeuten würde.

Das Denken ist verschwommen und unklar, es wirkt regressiv.

• • • ● • ● • • •

Emotionale Möglichkeiten

Menschen im "Shutdown", d.h. mit einer Überaktivität des dorsalen Parasympathikus, fühlen sich benebelt, leer, kalt. Manchmal erleben sie Ausbrüche unklarer Euphorie.

Das zentrale Thema der Emotionalität ist: Nicht fühlen, lieber nicht sein. Geborgenheit und Hoffnung sind unerreichbar. Überwältigende Hilflosigkeit, Hoffnungslosigkeit, sehr häufige Müdigkeit werden erlebt. Dies führt in modifizierter Form und unter modernen Bedingungen zur Unfähigkeit, etwas zu tun.

Die Gesichter dieser Menschen zeigen nicht viele Emotionen, sie bewegen sich nicht viel. Aber sie sind unglaublich empfindsam. In gewisser Weise empfinden sie weniger Schmerz, aber die Filter gegen äußere Eindrücke, die Menschen normalerweise haben, sind einfach nicht da. Deshalb werden sie zu schnell und zu oft von Eindrücken überflutet, sie werden von ihrer Umwelt als Menschen ohne Grenzen wahrgenommen.

• • • • ● • ● • • •

Herzschlag und Atmung

Die Herzfrequenzvariabilität sinkt. Die Person fühlt sich benommen, die Atmung ist sehr flach, man atmet sehr wenig, sehr flach.

Der Herzschlag verlangsamt sich, es kann zu einer Bradykardie kommen, bei der der Herzschlag gefährlich langsam wird.

• • ● ● ● • ● ● • •

Kontakt zum Körper

Es gibt wenig oder keinen Kontakt zum Körper. Die Fähigkeit, zwischen verschiedenen Teilen des eigenen Körpers zu unterscheiden, nimmt ab.

Es wird schwieriger wahrzunehmen, wo man sich im Raum befindet. Subjektiv haben Menschen im "Shutdown" das Gefühl, sich leicht zu verlaufen, unbeholfen oder gar ungeschickt zu sein. Der äußere Eindruck ist desorientiert. Die Körperhaltung ist schlaff. Der Händedruck ist schlaff.

· · · · ● · ● · · ·

Gesundheitliche Konsequenzen

Dieser Zustand hat auch gesundheitliche Folgen, nämlich chronische Müdigkeit, Fibromyalgie, Magenprobleme, niedriger Blutdruck, Typ-2-Diabetes und Gewichtszunahme, bei Verdauungsproblemen eher Durchfall.[4]

· · · · ● · ● · · ·

Signale für Sicherheit

Die Sicherheitssignale, die benötigt werden, wenn dieses System aktiv ist, sind: "Ich bin für dich da, halte aber Abstand. Ich bedränge dich nicht. Ich komme dir nicht zu nahe."

Wenn ein Mensch heruntergefahren ist, bedeutet Blickkontakt für ihn bereits eine Gefahr. Deshalb meidet er den Blickkontakt mit anderen eher, als dass er ihn sucht. Das hat biologische Gründe. Wenn man einem Raubtier in die Augen schaut, kann es zum tödlichen Angriff übergehen.

Wenn ein Mensch niedergeschlagen ist, will er nicht da sein, er will nicht gesehen werden. Anders als im Zustand der Sympathikusaktivierung will er auch keinen Verbündeten. Er will nicht berührt werden, er will nicht getröstet werden und er will, dass der andere respektiert, dass sein Gehirn kaum noch in der Lage ist, Informationen zu verarbeiten.

Menschen im Shutdown können den anderen nicht wahrnehmen, nicht sehen, nicht hören. Sie sind bei sich und wollen dort bleiben, bis ihr System die bisher unverarbeiteten Informationen langsam integriert hat. Oder anders ausgedrückt, bis sie sich wieder sicher genug fühlen, um diesen Zustand zugunsten einer erhöhten sympathischen Aktivierung zu verlassen.

Will man mit einem Menschen im "Shutdown" Kontakt aufnehmen, dann gilt: Keine Appelle an Vernunft oder Logik. Möglichst keine oder, wenn unbedingt nötig, sehr wenige und sehr einfach strukturierte neue Informationen.

$$\bullet \; \bullet \; \bullet \; \bullet \; \bullet \; \bullet \; \bullet \; \bullet \; \bullet \; \bullet$$

Als Außenstehender muss man bedenken: Die Fähigkeit zur emotionalen oder intellektuellen Auseinandersetzung mit Forderungen ist beim Betroffenen nicht mehr vorhanden. Von einem Menschen im Shutdown etwas zu verlangen, was er in diesem Zustand nicht leisten kann, führt zu Beschämung.

Was auch nicht funktioniert, ist die gut gemeinte Aufforderung, endlich einmal berechtigten Ärger zu empfinden und auszudrücken. Dazu ist ein Mensch im Shutdown nicht in der Lage, und diese Unfähigkeit steigert die ohnehin schon empfundene Scham noch einmal.

Andererseits: Alles, was die Scham mindert und das Selbstwertgefühl stärkt, führt langsam aus der Überaktivierung des dorsalen Parasympathikus heraus.

Man kann auch vorsichtig Atemübungen anbieten, bei denen die Einatemzeit etwas länger ist als die Ausatemzeit, so dass der Sympathikus (SNS) wieder aktiviert wird.

Auch hier kann die Erinnerung daran, dass die Gefahr nicht gegenwärtig ist, hilfreich sein. Wenn es die Situation erlaubt und der Betroffene vorsichtige Berührungen zulässt, können diese ebenfalls hilfreich sein.

Wichtig ist, dass zuerst das sympathische System (SNS) wieder aktiviert werden muss.

Dies muss langsam und vorsichtig geschehen.

• • • ● ● ● ● ● • •

Der dorsale Vagus (DVC) ist aktiv.

Dissoziierter, abwesender Gesichtsausdruck bei einer jungen Frau und einem Baby

Abbildung 58: Gesichtsausdruck: Immobilisierung mit Angst (DVC), Dissoziation.

• • • ● • ● • ● • •

Der Freeze-Zustand

Der Freeze-Zustand ist bekanntlich der Übergangszustand, in dem das sympathische System (SNS) und das parasympathische System (DVC) gleichermaßen aktiv sind. Daher erleben die Betroffenen eine Art "eingefrorene", "erstarrte" Dichte. Sie sind unbeweglich, aber mit viel unterdrückter Energie unter der Oberfläche.

Als Gegenüber spürt man die Verdichtung und die möglicherweise unterdrückte Energie.

Aber anders als bei einer voll entwickelten Aktivierung des Sympathikus (SNS) ist die Herzfrequenz nicht schnell, sondern sehr langsam und der Atem geht nur minimal. Die Betroffenen erleben ein Gefühl von Steifheit, Starre, Betäubung und Dumpfheit. Die Betroffenen wirken irgendwie gelangweilt.

Es steht wenig Energie zur Verfügung, die Betroffenen scheinen ständig etwas zurückzuhalten oder sich selbst zurückzuhalten. Sie sind eher verschlossen als offen.

Die Beziehungsfähigkeit ist stark eingeschränkt.

Die Muskulatur ist verspannt, Verspannungen treten häufig auf.

Kognitiv fällt die Unfähigkeit auf, zu handeln oder Chancen zu sehen und zu ergreifen.

Die Augen wirken starr, es gibt kaum Möglichkeiten, viel zu sehen oder sich auf etwas einzulassen.

Die Haut ist blass und wachsartig.

Insgesamt hat man im Kontakt mit diesen Menschen das Gefühl, dass sie nicht anwesend sind.

Die Signale für Sicherheit entsprechen denen des Sympathischen Nervensystems (SNS), mit einem wichtigen Unterschied. Bei Freeze handelt es sich um die Möglichkeit der Bewegung.

• • • ● • ● • • •

Immobilisierung ohne Angst (VVC-DVC)

Der Zustand der Immobilität ohne Angst ist ein psycho-physiologischer Zustand, in dem der Körper sehr gut funktioniert. Der dorsale Vagus (DVC) ist aktiv, aber unter der Führung des sozialen Systems (VVC).

Der DVC ist also gut reguliert, genau wie das sympathische System (SNS), und das unterstützt Wachstum, Gesundheit und Erholung.

Stephen W. Porges hat jedoch immer wieder betont, dass Immobilisierung für ein Säugetier grundsätzlich etwas potenziell Gefährliches ist und daher Angst auslöst.[5]

Wer still sitzt oder liegt, kann nicht schnell aufstehen und fliehen oder kämpfen. Jede Form der Bewegungslosigkeit ist an sich schon gefährlich in einer rauen Umgebung, in der man jederzeit flucht- oder kampfbereit sein sollte.[6]

Um dennoch eine Immobilisierung herstellen zu können, benötigt unser System sehr viele Signale gegenseitiger Sicherheit.[7]

Der dorsale Vagus (DVC) ist unter der Führung des
ventralen Vagus (VVC) aktiv.

Es handelt sich hier um Immobilisierung ohne Angst! Das ist die Voraussetzung für
bewusste, angstfreie Entspannung in Gegenwart eines anderen Menschen oder eines
anderen Säugetieres.   Diese angstfreie Entspannung wiederum ist die Voraussetzung für
echte Bindungen und als angenehm erlebte Nähe.

*Abbildung 59: Ruhigstellung ohne Angst. Man erkennt, dass diese Form
mehr oder weniger ausgeprägt bei allen Säugetieren möglich ist.*

• • • ● • ● • ● • •

Immobilität ohne Angst bedeutet: Das Individuum fühlt sich sicher
und verfügt über alle notwendigen Ressourcen. Unter der Führung
des sozialen Systems (VVC) ermöglicht uns dieses System stillzusitzen,
zu schlafen, zu verdauen und auszuscheiden. Mit anderen Worten,
wenn der VVC die Führung übernimmt, können wir gefahrlos das
parasympathische System aktivieren.

Alle Formen weitgehender körperlicher Immobilität, ob sie nun
positiv oder negativ erlebt werden, haben die Aktivierung des dorsalen
Parasympathikus (DVC) zur Voraussetzung. Umgekehrt wird dieses

System (DVC) aktiviert, wenn wir still sitzen und uns nicht viel bewegen.

In diesem Fall "dämpft" das soziale System den Sympathikus. Das ermöglicht einen Anstieg in der Aktivität des parasympathischen Systems (DVC).

Und das wiederum ermöglicht alle Aktivitäten und alle mentalen Zustände, die körperliche Ruhe, also Bewegungslosigkeit, voraussetzen. Eine der wichtigsten Fähigkeiten, die dieser Zustand ermöglicht, ist das, was im Englischen "Mindfulness" genannt wird.

· · · ● · ● · · ·

Mindfulness – Bewusstheit

Der Begriff "Achtsamkeit" oder "Mindfulness" bedeutet, dass eine Person ihre Aufmerksamkeit für eine bestimmte Zeit bewusst und absichtlich auf ein bestimmtes Objekt oder eine bestimmte Erfahrung richtet.

Dieses Objekt oder diese Empfindung kann sich innerhalb oder außerhalb des eigenen Körpers befinden. Es kann ein physisches Objekt oder ein mentales Objekt sein, z.B. ein Bild.

Dieses Etwas kann der Atem sein, das Herz, die tanzende Flamme einer Kerze, ein Mantra, ein Gedanke, ein Satz, ein Bild. Diese Konzentration erfordert körperliche Bewegungslosigkeit.

Wenn ein Mensch sich darin übt, seine Aufmerksamkeit für längere Zeit auf eine einzige Quelle zu richten, kann er beginnen, Dinge in seiner inneren und äußeren Umgebung wahrzunehmen, ohne dass diese die Möglichkeit haben, ihn aus dieser Beobachterperspektive herauszuholen.

Gerade weil dieses System für jede Form der seelischen Entwicklung und Bindung so ungeheuer wichtig ist, haben praktisch alle Meditationsschulen zum Ziel, dieses System zu trainieren und den Menschen auf diese Weise positive Formen der körperlichen Immobilisierung einüben zu lassen. Dabei wird der Umgang mit dem immobilisierenden System unter der Führung des sozialen Systems trainiert.

Es ist das gleiche Prinzip, das Porges für das sympathische System (SNS) im Zusammenhang mit dem Thema "Spiel" beschrieben hat. Der Umgang mit dem autonomen Nervensystem kann und soll trainiert werden, weil bestimmte biologische Zustände die Voraussetzung für die Aktivierung erwünschter Fähigkeiten sind.

Eine weitere sehr wichtige Fähigkeit, die dieses System dem Menschen vermittelt, ist die Fähigkeit zu trauern und damit die Fähigkeit, etwas loszulassen oder abzuschließen. Jeder weiß, dass "unter" dem Ärger oft Trauer liegt. Solange man wütend ist, ist das Sympathikus-Nervensystem (SNS) noch aktiv und etwas kann erst wirklich abgeschlossen werden, wenn es betrauert werden kann. Dazu braucht es aber einen angstfreien Stillstand.[8]

Es ist vor allem auch das System, das es den Menschen ermöglicht, stabile soziale Bindungen einzugehen.

Denn jegliche Bindung erfordert die Fähigkeit, miteinander still oder weitgehend immobil zu sein.

• • • • ● • ● • • •

Der dorsale Vagus (DVC) ist unter der Führung des ventralen Vagus (VVC) aktiv.

   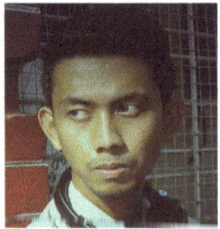

Meditation =
Immobilisierung ohne Angst

Dissoziation =
Immobilisierung mit Angst

Abbildung 60: Gesichtsausdruck: Immobilisierung mit und ohne Angst. Hier möchte ich den typischen Gesichtsausdruck einer Person zeigen, die ohne Angst immobilisiert ist und den typischen Gesichtsausdruck einer Person, die Immobilisierung als Abwehrstrategie einsetzt.

• • • • ● • ● • • •

Jede Form von Kreativität schult auch das angstfreie Festhalten. Wenn Bindungen zu unsicher geworden sind, weil Immobilisierung zu sehr missbraucht wurde, kann Malen oder Musizieren eine Möglichkeit der Selbstheilung sein.

Es gibt also sehr positive Formen der Immobilisierung, sehr tiefe Zustände in der Meditation, aber auch in der Sexualität oder sehr tiefe Formen des Loslassens und Verstehens.

Für all das ist der dorsale Parasympathikus zuständig, der vom sozialen System gesteuert wird. Dieses System ist nicht - wie manchmal missverstanden - unser "Feind". Richtig eingesetzt ist es unser bester Freund.

1. Porges, 2018

2. Porges, 2018

3. Porges, 2018

4. Dana, 2018

5. Porges, 2011

6. Porges, 2011

7. Porges, 2011

8. Knutson, 2018

BINDUNG UND SELBSTREGULATION

Die Kernaussage der Polyvagaltheorie ist, dass es der Führung des sozialen Systems (VVC) bedarf, um Zustände physischer und psychischer Gesundheit herzustellen.

Mit anderen Worten: Wir brauchen eine gesunde Homöostase. Wir müssen sie herstellen und aufrechterhalten können. Es bedarf eines entwickelten sozialen Systems (VVC).

Die Überlebensstrategie der Säugetiere war es, auf Kooperation und Bindungsfähigkeit zu setzen. Wir haben aber das Reptil, das ein selbstsüchtiger Einzelgänger ist, noch in uns. Und weil es die alten Reptilienanteile noch in uns gibt, gibt es auch Konflikte in uns zwischen evolutionär älteren und evolutionär jüngeren Anteilen.

Im Moment der Gefahr wird der Reptilienanteil in uns besonders aktiviert, dann haben wir nur noch unser individuelles Überleben im Auge und handeln entsprechend. Dieses Handeln steht im Konflikt zu den Anforderungen, die an ein Säugetier gestellt werden, das in Herden lebt.

Die Neurowissenschaftler Andrew Newberg und Mark Waldman schreiben:Die Kernaussage der Polyvagaltheorie ist, dass es der Führung des sozialen Systems (VVC) bedarf, um Zustände physischer und psychischer Gesundheit herzustellen.

Mit anderen Worten: Wir benötigen eine gesunde Homöostase. Wir müssen in der Lage sein, sie herzustellen und aufrechtzuerhalten. Es bedarf eines entwickelten sozialen Systems (VVC).

Die Überlebensstrategie der Säugetiere war es, auf Kooperation und Bindungsfähigkeit zu setzen. Aber wir haben immer noch das Reptil in uns, das ein egoistischer Einzelgänger ist. Und weil die alten Reptilienanteile noch in uns sind, gibt es in uns auch Konflikte zwischen evolutionär älteren und evolutionär jüngeren Anteilen.

Im Moment der Gefahr wird der Reptilienanteil in uns besonders aktiviert, dann haben wir nur unser individuelles Überleben im Sinn und handeln entsprechend. Dieses Handeln steht im Widerspruch zu den Anforderungen, die an ein in Herden lebendes Säugetier gestellt werden.

• • • ● • ● • • • •

Die Neurowissenschaftler Andrew Newberg und Mark Waldman schreiben dazu:

Wenn man die neurologische Evolution des Gehirns genauer betrachtet, könnte man zu dem Schluss kommen, dass Mitgefühl und soziales Bewusstsein den Teil der psychologischen Anatomie ausmachen, der zuletzt entwickelt wurde (...) Menschen lebten in kleinen Gruppen und mussten sich mit anderen um begrenzte Mengen von Eigentum, Nahrung und Vermögen streiten. Aus der Situation heraus haben sich zwei gegensätzliche Dynamiken herausgebildet. (...) Der alte, reptilische Teil des Gehirns kämpfte selbstsüchtig ums Überleben, während neuere und zerbrechlichere Hirnregionen darum rangen, kooperative Bündnisse mit anderen zu schließen.[1]

• • • ● • ● • • •

Abbildung 61: Das Reptil in uns.

• • • ● • ● • • •

Es ist die zentrale Aufgabe des sozialen Systems (VVC), diesen Konflikt zu bewältigen. Und das ist keine einfache Aufgabe. Denn je größer die wahrgenommene Gefahr, desto defensiver werden wir bekanntlich.

Dieser Kernkonflikt in uns kann nur durch lebenslanges Training des sozialen Systems bewältigt werden.

Es ist richtig: Es war die Entwicklung des menschlichen sozialen Systems (VVC), die uns erlaubte, bestimmte emotionale Erfahrungen zu machen. Im Gegensatz zu Reptilien haben Säugetiere und insbesondere Menschen die Möglichkeit, mit einem anderen Menschen oder einem Tier zusammen zu sein, ohne aggressiv zu werden. Wir können uns - das ist die entscheidende Fähigkeit, die uns die anatomische Tatsache der Existenz dieses Nervs verleiht - selbst hemmen.

Dieses Hemmsystem ist die Voraussetzung für die Fähigkeit zur Selbstregulation.

· · · ● ● · ● · ● · · ·

Aufgaben und Selbstregulation

Insgesamt dient das soziale System dem Menschen für folgende Aufgaben:

- Fortpflanzung, d. h. Intimität/Paarung

- Säuglingsernährung

- Zeichen für emotionale Bindung

- Kommunikation

- Affektregulierung

· · · ● ● · ● · · · ·

Wenn also das soziale System korrupt oder schwach ist, sind alle diese Lebensbereiche betroffen. Denn alle diese Lebensbereiche erfordern eine erfolgreiche Selbstregulation.

Selbstregulation wird definiert als die Gesamtheit folgender Fähigkeiten:

- Die Fähigkeit, den neuronalen Prozess zu beherrschen, der mit emotionaler Erregung umgehen kann.

- Die Fähigkeit, die Aufmerksamkeit zu fokussieren.

- Die Fähigkeit, sowohl externe als auch interne Hinweise korrekt zu interpretieren.

- Die Fähigkeit, angemessene Strategien zu wählen, um auf die Interpretation zu reagieren.

Selbstregulation ist die Fähigkeit, sich mit Hilfe des sozialen Systems (VVC) auf gesunde Art und Weise selbst zu beruhigen.

Menschen mit einer geringen Fähigkeit zur Selbstregulation haben ein Problem, das oft als "Ärgermanagement" bezeichnet wird. Sie sind übergewichtig, verschuldet. Sie kaufen impulsiv etwas, obwohl ihre Kreditkarte überzogen ist, oder essen noch ein Stück Kuchen, obwohl sie auf Diät sind. Sie sagen Dinge, die sie später bereuen. Sie geraten in unnötige Konflikte.

Alle Lebensbereiche, die die Fähigkeit voraussetzen, Impulse rechtzeitig zu hemmen, bevor sie in Verhalten umgesetzt werden, versagen und versagen genau in dem Maße, wie das soziale System (VVC) beschädigt ist. All dies lässt sich anhand des Vagustonus, gemessen über die Herzratenvariabilität, gut vorhersagen.

Positiv formuliert: Jede Verhaltensänderung, die als erfolgreich gilt, setzt in der Regel eine Verstärkung der Vagusaktivität, eine Erhöhung des Vagustonus, ebenfalls gemessen durch die HRV, voraus.[2]

$$\cdot \; \bullet \; \bullet \; \bullet \; \bullet \; \bullet \; \bullet \; \bullet \; \bullet \; \cdot$$

Selbstregulation und Fremdregulation

Während der evolutionär ältere Vaguszweig bei der Geburt bereits voll entwickelt ist, ist es der evolutionär jüngere Zweig, das soziale System (VVC), noch nicht.

Der soziale Vagus (VVC) ist bei der Geburt noch nicht myelinisiert, er muss sich erst über die nächsten Jahre entwickeln.[3] Die Hülle, eine Art Fettschicht, die den Nerv schließlich umgibt, muss erst noch wachsen. Deshalb haben Babys bei der Geburt noch kein voll entwickeltes autonomes Nervensystem.

Sie haben ein voll entwickeltes dorsales parasympathisches System (DVC), sie können schlafen, verdauen, ausscheiden, Nahrung aufnehmen, schreien und sich an der Mutter festhalten. Was sie brauchen, ist Geborgenheit. Sie sind in ihrer Entwicklung völlig von einer primären Bezugsperson abhängig.

Im Gegensatz zum dorsalen Parasympathikus muss der soziale Vagus seine schwierigen Aufgaben zum Teil erst erlernen.

Deshalb entwickeln sich Babys, indem sie ihre Mutter beobachten.

Sie schauen in das Gesicht der Mutter, sie beobachten den Gesichtsausdruck der Mutter. Auf diese Weise lernen Babys, ihre Gesichtsmuskeln so zu regulieren, dass sie einen ähnlichen Gesichtsausdruck machen können.

Babys imitieren den Gesichtsausdruck ihrer primären Bezugsperson. Und während sie ihre Gesichtsmuskeln trainieren, kommt es ganz "nebenbei" zu einem entwickelten sozialen System (VVC), weil sich die neuronalen Verbindungen herstellen.

Wir entwickeln und trainieren die Funktionen des sozialen Vagus in der Interaktion mit unserer primären Bezugsperson. In gewisser Hinsicht leiht sich das Baby das schon entwickelte soziale System (VVC) der Mutter aus.

Das Ziel ist, dass es lernt, mit anderen Menschen zu interagieren, denn diese Fähigkeit ist nicht angeboren.

· · · ● · ● · · ·

Leider "übernehmen" Babys das soziale System (VVC) der Mutter oder der sonstigen primären Bezugsperson auch dann, wenn deren System selbst noch nicht gut entwickelt ist.

Deshalb sind Identitätsaussagen über Familienmitglieder so problematisch. "Sie ist genau wie ihre Mutter", "Der Junge ist genau wie sein Vater" oder "Das muss an den Genen liegen". Die Fähigkeit, das soziale System zu nutzen und sich selbst emotional zu regulieren oder auf bestimmte Ereignisse reflexartig mit einem bestimmten Abwehrsystem zu reagieren, ist eben nicht angeboren, sondern erlernt.

Selbstregulation ist nur möglich, wenn wir ausreichend lange positive Fremdregulation erfahren haben. Nur wenn wir als Baby oder Kleinkind das Glück hatten, Bezugspersonen zu haben, die uns geholfen haben, unsere schmerzhaften Gefühle zu überwinden, statt sie zu unterdrücken oder wegzuschieben, sind wir zur Selbstregulation fähig.

Porges spricht deshalb davon, dass die Fremdregulation immer vor der Selbstregulation kommt. Ohne die Verbundenheit mit anderen Menschen, die uns eine als sicher erlebte Fremdregulation bieten, sind wir zur Selbstregulation nicht fähig.

Selbstregulation und Sicherheit

Sicherheit ist nicht die Abwesenheit von Bedrohung.

Sicherheit ist das Vorhandensein von Signalen, die vom Individuum als Zeichen der Sicherheit erlebt werden. Sicherheit - das ist eine der Kernaussagen der Polyvagaltheorie - ist die notwendige Voraussetzung für Verbundenheit. Bindung wiederum ist abhängig von einem Gefühl gegenseitiger Sicherheit. Porges definiert Verbundenheit wie folgt:

> Verbundenheit ist die Fähigkeit, wechselseitig (synchron und reziprok) den physiologischen Zustand und mit ihm die korrespondierenden Verhaltensweisen zu regulieren.[4]

Was bedeutet das? Es gibt eine biologische Notwendigkeit für den Menschen, seinen psycho-physiologischen Zustand durch den Kontakt mit anderen Menschen zu regulieren.

Zwischenmenschliche Beziehungen ermöglichen den Aufbau neurobiologischer Verbindungen, die soziales Verhalten sowie psychische und physische Gesundheit integrieren.

• • • ● ● • ● ● • • •

Selbstregulation und Emotionen

Jede Aktivität des ANS wird durch Emotionen und körperliche Empfindungen begleitet. Anhand der körperlichen Empfindungen erkennen wir die Art der jeweiligen Aktivität des ANS und der sie begleitenden Emotionen.

Wir kennen häufig nicht den Auslöser, der eine bestimmte Aktivität des ANS mit den begleitenden Emotionen ausgelöst hat, aber wir bekommen die Reaktion unseres Körpers mit. Wir spüren, ob unser Herz plötzlich sehr schnell oder eher sehr langsam schlägt, ob Adrenalin durch unseren Körper pulsiert, ob wir uns aufgeregt, eher müde oder gelähmt fühlen.

Gleichzeitig werden Emotionen im limbischen System mit einer bestimmten Aktivität des ANS ausgelöst. Sobald eine Emotion ausgelöst wurde, werden auf Befehl des Hypothalamus die entsprechenden Moleküle produziert und über die Hypophyse in den Blutkreislauf ausgeschüttet.[5]

• • • ● ● ● ● • • •

Auf diese Weise wird jeder Zelle auf hormonellem Wege mitgeteilt, wie wir uns gerade fühlen. Das Ergebnis sind körperliche Empfindungen, die einem echten körperlichen Schmerz gleichkommen können.

Jede Emotion wird also von körperlichen Empfindungen begleitet, und diese können äußerst unangenehm sein.

Die amerikanische Psychologin Joan Rosenberg, die sich ebenfalls intensiv mit der Polyvagaltheorie beschäftigt hat, hat acht Emotionen identifiziert, mit denen Menschen traditionell Schwierigkeiten haben.

• • • ● • ● • • •

Diese acht Emotionen sind:

Traurigkeit (sadness), Scham (shame), Hilflosigkeit (helplessness), Ärger (anger), Verletzlichkeit (vulnerability), Verlegenheit (embarassment), Enttäuschung (disappointment) und Frustration (frustration).[6]

• • • ● • ● • • •

Viele Menschen mögen diese körperlichen Empfindungen nicht und versuchen, sie zu vermeiden. Sie tun daher oft reflexartig und unreflektiert Dinge, die ihnen helfen sollen, den körperlichen Empfindungen zu entgehen.

Das kann Alkohol- oder Drogenmissbrauch sein, aber auch der Versuch, in ein vertrauteres Abwehrsystem zu wechseln, z.B. Kampf statt angstfreier Bewegungslosigkeit, was die neuronale Voraussetzung für eine erfolgreiche Selbstregulation wäre.

Eine erfolgreiche Selbstregulation findet aber nur unter Einbeziehung des sozialen Systems statt. Erst wenn der Kortex genügend Zeit und Gelegenheit hat, die Emotion einzuordnen und zu verarbeiten, ist sie wirklich reguliert. Menschen versuchen aber sehr häufig eine Selbstregulation, bei der die auftretenden Emotionen "weggedrückt" oder "unterdrückt" werden.

Sehr viele Menschen sind nicht in der Lage, ihre Emotionen zu regulieren, weil sie auf die unangenehmen körperlichen Empfindungen, die mit diesen Emotionen einhergehen, wiederum mit defensiven Strategien wie Kampf, Flucht, Verhandeln oder Erstarren reagieren. Sie bekämpfen also zum Beispiel die körperlichen Empfindungen, die mit der Angst einhergehen. Sie bekämpfen ihre Angst, und das macht die Angst letztlich noch schlimmer.

Dies gilt besonders dann, wenn das "Abschalten", der "Shutdown", als Strategie gewählt wird, um mit unangenehmen Emotionen umzugehen.

Verarbeitete und unverarbeitete Emotionen!

Eine Emotion wird unter Einbeziehung des ventralen Vagus reguliert = sie ist vollständig verarbeitet, keine körperlichen Anspannungen mehr!

Eine Emotion wird ausgelöst und muss verarbeitet werden. Hier am Beispiel folgender Emotionen: Ärger, Frustration, Irritation, Aggression, Kämpfen!

Auf die körperlichen Sensation einer Emotion wird entweder mit Kampf, Flucht oder mit Shutdown reagiert. Folglich wird sie nicht verarbeitet und bleibt als körperliche Spannung erhalten!

Abbildung 62: Verarbeitung von Emotionen. Auf eine Emotion und die damit verbundenen Empfindungen wird entweder mit bewusster Verarbeitung oder mit weiteren Abwehrstrategien (Flucht, Kampf, Abschalten) reagiert.

• • • ● • ● • ● • •

Was geschieht, wenn eine auftretende Emotion mithilfe von Defensivstrategien reguliert wird?

Manchmal, wenn wir eine Emotion nicht verarbeiten oder das tun, was ich als den Versuch bezeichne "nicht zu wissen, was man weiß", dann lenken wir uns auf sehr viele Arten und Weisen ab. Und manchmal geht der Shutdown in unseren Körper und was wir dann tun, ist: Wir hören uns selbst, wie wir uns über zahlreiche physische Probleme beklagen. Zum Beispiel: "Mein Nacken schmerzt" oder "Mein Rücken schmerzt" oder "Ich habe Magenschmerzen" oder "Mein was auch immer schmerzt". Aber das ist Teil des Spieles, denn faktisch drücken Menschen emotionale Herausforderungen weg, ebenso wie die Emotionen. Sie versuchen den Emotionen fernzubleiben und als Resultat dieses Versuches landen die Emotionen im Körper.[7]

Es gibt Menschen, die die Emotionen, die mit dem Herunterfahren verbunden sind, um fast jeden Preis vermeiden, vor allem das Gefühl der Scham.

Andere Menschen können die körperlichen Empfindungen, die mit der Aktivierung des sympathischen Systems (SNS) einhergehen, kaum ertragen.

Diese körperlichen Empfindungen können zu Gedanken, Gefühlen und Verhaltensweisen führen, die das ANS weiter in eine bestimmte Richtung aktivieren. Es kann zu einer Abwärts- oder Aufwärtsspirale kommen. Joan Rosenberg spricht von der Freiheit, die Welle zu reiten.[8]

Damit ist gemeint, dass Emotionen praktisch nie länger als 90 Sekunden anhalten. Wenn wir in diesen 90 Sekunden nicht mit

Abwehrreaktionen auf unsere eigenen körperlichen Empfindungen reagieren, dann kommt es mit der Zeit zu einer Aufwärtsspirale, weil das Gehirn, das jetzt das Großhirn voll zur Verfügung hat, die Erfahrung integrieren und verarbeiten kann. Und das wiederum stärkt die Flexibilität und das soziale System.

> Die Fähigkeit, sich während einer Defensivreaktion zu erinnern, dass man die Wahl hat, das soziale System (VVC) bewusst wieder einzuschalten, nennt man Selbstregulation. Rosenberg betont, dass es genau diese Fähigkeit ist, die zunehmend zu mehr Selbstvertrauen führt.[9]

Wenn Menschen aber ihre körperlichen Empfindungen, die durch die Aktivität des ANS ausgelöst werden, falsch interpretieren, kann das zu schweren Fehlregulationen führen. Daher hilft uns die Polyvagaltheorie bei der Emotionsregulation.

Wir gehen - ob wir wollen oder nicht - mit unseren Emotionen so um, wie unsere Eltern oder wichtigen Bezugspersonen mit uns umgegangen sind, als wir diese Emotionen gezeigt haben. Nur wenn diese Bezugspersonen sich sicher genug fühlten, Ärger und andere sogenannte unangenehme Emotionen auszuhalten, ohne defensiv zu reagieren, können wir das später auch.

Wenn diese Bezugspersonen sich aber wehren mussten, sich verschlossen haben, wütend wurden oder wegliefen, ist die Wahrscheinlichkeit sehr groß, dass wir später versuchen, unsere Emotionen genau so zu regulieren.

Das bedeutet nicht, den früheren Bezugspersonen "die Schuld zu geben". Es bedeutet, diese Tatsache anzuerkennen und das entsprechende Training der eigenen Emotionsregulation bewusst nachzuholen. Denn dass und wie das möglich ist, verdanken wir den Erkenntnissen der Polyvagaltheorie. Es kommt darauf an, das Training des sozialen Systems (VVC) mit vertrauenswürdigen Personen zu beginnen.

Trauma

Dies ist kein Buch über Traumata und Traumabehandlung, deshalb möchte ich die Darstellung des Einflusses der Polyvagaltheorie kurz halten.

Ein Trauma ist nicht als ein bestimmtes Ereignis definiert. In der Polyvagaltheorie wird es als Reaktion auf ein Ereignis definiert. Es ist eine Reaktion, die als Abwehrstrategie den Shutdown benutzt.

Oder anders formuliert: Ein Trauma ist durch das Maß an Hilflosigkeit gekennzeichnet, das man während eines stressigen Ereignisses erlebt hat.[10]

Die Polyvagaltheorie sagt nichts über das Ereignis, aber sie klärte für die Betroffenen die Reaktion auf ein Ereignis. Denn vor der Polyvagaltheorie wurde den Betroffenen oft vorgeworfen, dass sie willentlich oder absichtlich handeln, wenn sie dissoziieren, "nicht da" sind, kein angemessenes soziales Verhalten mehr zeigen können usw. Vor der Polyvagaltheorie wurde den Betroffenen oft vorgeworfen, dass sie willentlich oder absichtlich handeln.

Es ist der Körper, der entscheidet, wie er auf ein bestimmtes Ereignis reagiert, nicht der Wille. Deshalb moralisieren wir, wenn wir zu Menschen sagen: "Du hättest präsenter sein müssen. Dann hätte ich anders gehandelt".

Der Körper hat anders entschieden, in einem heroischen Versuch, das eigene Leben zu retten.

Ein Trauma zeichnet sich dadurch aus, dass man keine Verbundenheit mehr mit dem anderen spüren kann, nicht mit dem eigenen Körper und damit auch nicht mit dem Körper des anderen. Das ist die Folge des "Shutdown", des Abschaltens, das immer mit einem Trauma einhergeht.

Wenn eine der wichtigsten Fähigkeiten von Säugetieren die Fähigkeit zur Verbundenheit ist, dann untergräbt ein Trauma genau diese Fähigkeit.

Unterbrochene Bindung ist ein Merkmal vieler, wenn nicht aller Psychopathologien.[11]

Ein Trauma macht mit den Betroffenen Folgendes:

Ein Trauma zerstört die Möglichkeiten der Co-Regulation und der Verbundenheit.

- Es verzerrt oder zerstört das soziale Bewusstsein.

- Es ersetzt soziales Verhalten durch Defensivstrategien (Kampf, Flucht, Fawn, Shut down (Faint)).

- Das wiederum vermindert die Fähigkeit zur wechselseitigen Co-Regulation.[12]

• • • ● • ● • ● • •

Der wesentliche Beitrag der Polyvagaltheorie zum Verstehen und zur Behandlung traumatisierter Menschen ist die Erkenntnis, dass das soziale System während eines Traumas massiv beschädigt wird.

Das Nervensystem der Betroffenen reagiert danach sehr vorsichtig, aber vorhersehbar auf weitere Kontakte. Es reagiert defensiv, wo es sozial reagieren könnte. Die Betroffenen leben mit einer verzerrten Neurozeption, die Gefahren sieht, wo keine sind.

Die Homöostase ist gestört. Der Körper braucht die Regulation durch das Sicherheitssystem ja nicht nur, um soziale Kontakte herzustellen, er braucht sie auch, um eine heilende Homöostase herzustellen, in der weder der Sympathikus (SNS) noch der dorsale Parasympathikus (DVC) "überschießen".

Körperliche Symptome lassen sich gut anhand der Frage einordnen, welche Abwehrreaktion ein Mensch standardmäßig wählt und welches der beiden Systeme, Sympathikus (SNS) oder dorsaler Parasympathikus (DVC), zu stark nach oben oder zu stark nach unten reguliert ist. Eine angemessene Regulation des ANS ist ohne das soziale System (VVC) nicht möglich.

Krankheiten, insbesondere stressbedingte Krankheiten, sind daher häufig die Folge von Traumatisierungen.

• • • • • • • • • • •

Die Polyvagaltheorie gibt uns die Bestätigung und das Verständnis dafür, dass unser ANS ständig dabei ist, Risiken zu evaluieren, und nur wenn ein Mensch sich sicher genug fühlt, kann er defensive Reaktionen durch soziales Verhalten ersetzen.

Die Polyvagaltheorie zeigt, worauf es bei der Heilung ankommt: auf eine systematische Stärkung des sozialen Systems (VVC) und auf eine besser werdende Selbstregulation durch verbesserte Fremdregulation.

Es ist also möglich, Trainings- und Therapieformen zu entwickeln, die die zwischenmenschliche Kommunikation verbessern und auch schwere und lang andauernde Traumata heilen können.

Und das ist die Hoffnung, die uns die Polyvagaltheorie vermittelt.

1. Newberg, et al., 2012

2. McCraty, 2020

3. Dana, 2018

4. Übersetzung von Inke Jochims; Porges, 2016

5. Hanna, 2019

6. Rosenberg, 2020 , (Übersetzung von Inke Jochims)

7. Übersetzung von Inke Jochims; Rosenberg, 2020

8. Hanna, 2019

9. Hanna, 2019

10. Mead, 2020

11. Porges, 2017

12. Porges, 2017

QUELLENVERZEICHNIS

Anchor. "Evolution and dissolution - Herbert Spencer." *YouTube.* The Great Everything. 05 18, 2017. https://www.youtube.com/watch?v=eLqQKrVyRpM (accessed 08 24, 2019).

Campbell, John. "Heart 6, External modification of cardiac output." *YouTube.* Dr. John Campbell. 04 11, 2019. https://www.youtube.com/watch?v=t6CKyDQ0WfI&t=159s (accessed 08 05, 2019).

—. "Nervous system 7, Sympathetic and parasympathetic." *YouTube.* Dr. John Campbell. 01 01, 2016. https://www.youtube.com/watch?v=nbQeTvfK7W8&t=1182s (accessed 08 23, 2019).

—. "Sympathetic and parasympathetic nervous system." *YouTube.* Dr. John Campbell. 01 09, 2016.

https://www.youtube.com/watch?v=x1sNGoC1Gxc (accessed 08 23, 2019).

Chitty, John. "Autonomic Nervous System Insights - Part 2." *YouTube.* John Chitty. 05 28, 2009. https://www.youtube.com/watch?v=LjeuvVjQTLU&list=PL262EFF 7028109DBB&index=2 (accessed 08 04, 2019).

Clearly, Stadet. "What is Evolution." *YouTube.* Stadet Clearly. 10 01, 2013. https://www.youtube.com/watch?v=GhHOjC4oxh8&t=444s (accessed 10 13, 2020).

Cohen, Jodi, interview by Nikki Gratrix. *How to stimulate your vagus nerve* USA, (2020).

Cohen, Joe. "Selfhacked - Bindungen." 2019. https://www.ncbi.nlm.nih.gov/pmc/articles/PMC3705176/ (accessed 08 05, 2019).

—. "Selfhacked - Darmbewegungen." 2019. https://www.ncbi.nlm.nih.gov/pubmed/20948179 (accessed 08 05, 2019).

—. "Selfhacked - Magen." 2019. https://physoc.onlinelibrary.wiley.com/doi/full/10.1113/jphysiol.200 5.082677 (accessed 08 04, 2019).

—. "Selfhacked - Milz." 2019. https://www.ncbi.nlm.nih.gov/pmc/articles/PMC3859808/ (accessed 08 05, 2019).

"Vagus-Nerve." *Vagus-Nerve.* 2019. mp3.

Cooper, Cary L. *Streßbewältigung. Person, Familie, Beruf.* Vols. The Stress-Check. Coping with the stresses of life and work., 1981. München: Deutscher Taschenbuch Verlag GmbH & Co. KG, 1987.

Dana, Deb. *A BEGINNER'S GUIDE TO POLYVAGAL THEORY.* 2018.

—. *The Polyvagal Theory in Therapy. Engaging The Rythm of Regulation.* New York: W.W. Norton & Company, Inc, 2018.

Dawkins, Richard. *Das egoistische Gen.* Translated by Karin de Sousa Ferreira. Vols. The Selfish Gene, 1989, 1994. 2. Auflage vols. Hamburg: Rowohlt Verlag, 1996.

Dispenza, Joe. *Evolve Your Brain. The Science of Changing Your Mind.* Florida: Health Communications, Inc., 2007.

Fink, Vorname unbekannt. "HOMEOSTATIC REFLEXES by Professor Fink." *YouTube.* professorfink. 02 13, 2013. https://www.youtube.com/watch?v=4B7n84-TVaE&t=757s (accessed 08 07, 2019).

Geitel, Jessica. *Der Zusammenhang zwischen der Herzratenvariabilität und Stress.* Tübingen: Inaugural-Dissertation zur Erlangung des Doktorgrades der Zahnheilkunde der Medizinischen Fakultät der Eberhard Karls Universität zu Tübingen., 2016.

Grossarth-Maticek, Ronald. *Autonomietraining. Gesundheit und Problemlösung durch Anregung der Selbstregulation.* Berlin; New York: de Gruyter, 2000.

Gupta, Sanjai. "Vasovagal syndrome." *YouTube.* York Cardiology. 11 25, 2016. https://www.youtube.com/watch?v=Gdr60-ROHnM&t=586s (accessed 08 23, 2019).

Hanna, Heidi. "Dr. Joan Rosenberg. Riding the Waves of Difficult Emotions." *Stress Mastery Webinar.* Dr. Heidi Hanna. 08 23, 2019. https://www.synergyprograms.com (accessed 08 23, 2019).

—. *Stephen Porges with Heidi Hanna Global Stress Summit Interview: Rewiring Neurological Safety.* Heidi Hanna. 08 15, 2017. https://www.youtube.com/watch?v=_X6Ib_G6pog (accessed 08 04, 2019).

Hanna, Heidi. *Stress Mastery.* Online-Kurs. 2017.

Hüther, Gerald. *Biologie der Angst: Wie aus Stress Gefühle werden.* Göttingen: Vandenhoeck & Ruprecht, 1998.

Jochims, Inke. *Das Dreieck der Verleugnung. Die Opfer-Kontroll-Dynamik erkennen und überwinden.* Norderstedt: BoD, 2020.

Knutson, Forrest. *Yogi explains Steven Porges' Polyvagal Theory.* Forrest Knutson. 11 04, 2018. https://www.youtube.com/watch?v=sASRHrKOxbo&list=PLEWoA emgKO6EKdGwZrbI4PGJjzME4kvZ_ (accessed 08 04, 2019).

Korzybski, Alfred. *Manhood of Humaniy: The Science and Art of Human Engineering.* DoDo Press (2008), 1921.

—. *Science and Sanity.* Pennsylvania: Haddon Craftsmen, Inc., 1933.

Levine, Peter A. "Healing Trauma - Peter Levine - Full Audiobook." *YouTube*. SoundsTrue. 07 23, 2018. https://www.youtube.com/watch?v=a9zJjxp-Rgs&t=18s (accessed 08 12, 2019).

—. *Trauma-Heilung. Das Erwachen des Tigers. Unsere Fähigkeit, traumatische Erfahrungen zu transformieren.* Translated by Theo Kierdorf. Vols. Waking the Tiger: Healing Trauma, 1997. Essen: Synthesis Verlag, 1998.

Levine, Peter, Stephen W. Porges, and Maggie Phillips. *HEALING TRAUMA AND PAIN THROUGH POLYVAGAL SCIENCE: AN E-BOOK.* Maggie Phillips, PhD www.maggiephillipsphd.com, 2015.

McCraty, Rollin. "Coherence." *HearthMath.* HearthMath Institute. 08 19, 2019. https://www.heartmath.org/resources/courses/coherence/ (accessed 08 19, 2019).

—. "Heart Rate Variability (HRV) Basics." *HearthMath.* HearthMath Institute. 08 19, 2019. https://www.heartmath.org/resources/courses/hrv/ (accessed 08 19, 2019).

McCraty, Rollin, interview by Eva Deatko. *Heart Rate Variability as a Measure of Vagus.* USA, (2020).

Mead, Veronique Dr., interview by Alex Howard. *Healing the freeze response.* USA, (2020).

NachhilfeBiologie. "Die biogenetische Grundregel - eine Darstellung | Biologie | Evolution." *YouTube.* NachhilfeBiologe. 03 12, 2012. https://www.youtube.com/watch?v=Kw5bt1ZluAs&t=34s (accessed 10 13, 2020).

Newberg, Andrew, and Mark Waldman. *Der Fingerabdruck Gottes. Wie religiöse und spirituelle Erfahrungen unser Gehirn verändern.* Vols. How God changes your Brain, 2009. München: Wilhelm Goldman Verlag, 2012.

O'Bryan, Tom. *Foods That Lower Your Vagal Tone.* USA, (2020).

Planet, Wissen. "Alles Nervensache, wie Reize unser Leben steuern." *YouTube.* QuoShop. 05 06, 2012. https://www.youtube.com/watch?v=6bf2a-5HQJs (accessed 08 19, 2019).

Porges, Seth. "The Polyvagal Theory: The New Science of Safety and Trauma." *YouTube.* 11 04, 2017. https://www.youtube.com/watch?v=br8-qebjIgs&t=988s (accessed 08 04, 2019).

Porges, Stephen W. & Dana, Deb (Editors). *Clinical Applications of The Polyvagal Theory. The Emergence of Polyvagal-Informed Therapies.* New York: W. W. Norton & Company, Inc., 2018.

Porges, Stephen W. *34: The Science of Safety with Stephen Porges.* Neil Sattin. 08 17, 2016. https://www.youtube.com/watch?v=na2blnkRhAY&t=3s (accessed 08 04, 2019).

Porges, Stephen W., interview by Jeffrey Rutstein. *Connectedness as a Biological Imperative: Understanding Trauma Through the Lens of the Polyvagal Theory.* USA, (2018).

—. *Die Polyvagal-Theorie und die Suche nach Sicherheit.* Lichtenau/Wesff.: G. P. Probst Verlag GmbH, 2018.

—. *Die Polyvagal-Theorie. Neurophysiologische Grundlagen der Therapie.* Paderborn: Junfermannsche Verlagsbuchhandlung, 2010.

—. *Dr. Stephen Porges on Face to Face Social Engagement.* PsychAlive. 04 23, 2018. https://www.youtube.com/watch?v=lxS3bv32-UY&t=130s (accessed 08 04, 2019).

—. *Human Nature and Early Experience.* joy96815 (Dr. Gabor Maté). 10 24, 2014. https://www.youtube.com/watch?v=SRTkkYjQ_HU&t=477s (accessed 08 04, 2019).

Porges, Stephen W. *Neurophysiologie der Selbstregulation.* DVD. Auditorium Netzwerk. Zürich, 2011.

—. *Neurozeption – die drei Regelkreise des Autonomen Nervensystems.* Translated by Juni 2005 Urs Honauer. Zürich, 2005.

—. *Optimizing human experiences through the lens of the Polyvagal Theory.* Joe Tatta, DPT, CNS. 04 04, 2018. https://www.youtube.com/watch?v=aVkSxYDUoRs&t=3s (accessed 08 04, 2019).

—. *Polyvagal Theory.* Douglas E. Noll. 04 29, 2018. https://www.youtube.com/watch?v=7sz5Qd7Xuc8&t=778s (accessed 08 04, 2019).

Porges, Stephen W., interview by Alex Howard. *Polyvagal Theory and How To Regulate The Nervous System.* USA, (2020).

—. *Polyvagal Theory: how your body makes the decision.* meg-rottweil. 05 28, 2016. https://www.youtube.com/watch?v=ivLEAlhBHPM (accessed 08 04, 2019).

Porges, Stephen W., interview by Jessica Dibb. *Polyvagal Theory: The role of physiological state in mental and physical health.* USA: The Shift Network, (03 2020).

Porges, Stephen W. "Reciprocal Influences Between Body and Brain in the Perception and Expression of Affect: A Polyvagal Perspektive." In *The Healing Power of Emotion. Affective Neuroscience, Development & Clinical Perspektive,* by Diana Fosha and Daniel J., Solomon, Marion F. Siegel. New York: W. W. Norton & Company, Inc., 2009.

—. *Stephen Porges on the Causes of Distorted Social Engagement.* Psychotherapy Networker. 07 22, 2016. https://www.youtube.com/watch?v=rqftT6e1gYA&t=182s (accessed 08 04, 2019).

—. *The Nervous System Circuitry of Safety, Sound and Gratitude.* Bulletproof. 07 03, 2019. https://www.youtube.com/watch?v=k4NnJ6eJPjg&t=1180s (accessed 08 04, 2019).

—. *The Neurophysiology of Trauma, Attachment, Self-Regulation & Emotions.* Vols. Online-Kurs. Wisconsin: PESI, INC., 2016.

—. "The Neuroscience and Power of Safe Relationships - Smart Couple 116." *YouTube.* Jayson Gaddis. 04 20, 2017. https://www.youtube.com/watch?v=3pbVTla932Y&t=1130s (accessed 08 04, 2019).

Porges, Stephen W., interview by Heidi Hanna. *The Neuroscience of Safety.* USA, (04 18, 2020).

—. *The Pocet Guide To The Polyvagal Theory. The Transformative Power of Feeling Safe.* New York: W. W. Norton & Company, Inc., 2017.

—. *The Pocket Guide to The Polyvagal Theory. The Transformative Power of Feeling Safe.* New York: W. W. Norton & Company, Inc., 2017.

—. *The Polyvagal Theory & The Vagal Nerve – #264.* Bulletproof. 12 02, 2015. https://www.youtube.com/watch?v=yVVaTRbegJs&t=6s (accessed 08 04, 2019).

—. *The Polyvagal Theory.* New York: W. W. Norton & Company, Inc., 2011.

—. "The Science of Compassion: Origins, Measures, and Interventions." *YouTube.* CCARE at Stanford University. 08 27, 2012. https://www.youtube.com/watch?v=MYXa_BX2cE8&t=580s (accessed 08 04, 2019).

Porges, Stephen W. *Verbundenheit als biologische Notwendigkeit - Trauma verstehen durch die Linse der Polyvagal-Theorie.* DVD. Prod. Bernd Ulrich. Heidelberg, 2017.

—. "What is the Polyvagal Theory." *YouTube*. PsychAlive. 04 23, 2018. https://www.youtube.com/watch?v=ec3AUMDjtKQ&t=125s (accessed 08 04, 2019).

Prall, Jason, interview by Eva Detko. *Attachment Trauma and Social Connection*. USA, (2020).

Rosenberg, Joan. *Dealing with Loss and Other Undesirable Feelings.* USA, (2020).

Rosenberg, Stanley. *Accessing the Healing Power of the Vagus Nerve. Self-Help Exercises for Anxiety, Depression, Trauma and Autism.* Berkley, California, USA: North Antlantic Books, 2017.

Sapolsky, Robert M. *Why Zebras Don't get Ulcers.* Vol. third Edition. USA, New York: Henry Holt and Company, LLC, 2004.

Scaer, Robert. *Das Trauma-Spektrum. Verborgene Wunden und die Kraft der Resilienz.* Vols. The Trauma Spectrum. Hidden Wounds and Human Resiliency, 2013. Lichtenau: G.P. Probst Verlag GmbH, 2014.

Seyle, Hans. "General Adaptation Syndrome." *YouTube*. Integrative Therapeutics. 07 11, 2017. https://www.youtube.com/watch?v=9FdmxfXrygA (accessed 08 05, 2019).

Shubin, Neil. *Der Fisch in uns. Eine Reise durch die 3,5 Milliarden Jahre alte Geschichte unseres Körpers.* Vols. Your Inner Fish, 2008. Frankfurt am Main: Fischer Taschenbuch Verlag, 2009.

Thangudu, Arti, interview by Cyrus Khambatta. *Intelligent Ways to Ensure That Diabetes doesn't Increase Your Risk of Complications from COVID-19.* USA, (03 2020).

Walker, Pete. *Complex PTSD: From Surviving to Thriving.* USA: Azure Coyote, 2013.

Wikipedia, Herzschlag. "Wikipedia." 2019. https://de.wikipedia.org/wiki/Herzfrequenz (accessed 08 19, 2019).

Wikipedia, Seyle. *Wikipedia.* 2019. https://de.wikipedia.org/wiki/Hans_Selye (accessed 08 05, 2019).

Wikipedia, Stress. 2019. X https://de.wikipedia.org/wiki/Stress (accessed 08 04, 2019).

Wikipedia, Stressmanagement. 2019. https://de.wikipedia.org/wiki/Stressmanagement (accessed 08 04, 2019).

Wikipedia, Vegetatives Nervensystem. *Wikipedia.* 2019. https://de.wikipedia.org/wiki/Vegetatives_Nervensystem (accessed 08 07, 2019).

• • • ● • ● ● • •

Alle Bücher von Inke Jochims, finden Sie auf dieser Seite:

Die Bücher von Inke Jochims

Stöbern und kaufen Sie hier

alle Bücher von Inke Jochims!

www.jochims-buecher.de

• • • • • • • • •

Alle digitalen Produkte von Inke Jochims finden Sie auf dieser Seite:

Der Shop von Inke Jochims

https://www.myablefy.com/s/inke-jochims

Stöbern und kaufen Sie alle digitalen Produkte von Inke Jochims

https://myablefy.com/

• • • • • • • • • •